工程项目投资决策与成本控制

刘松芳　著

中国出版集团

中译出版社

图书在版编目（CIP）数据

　　工程项目投资决策与成本控制 / 刘松芳著. ﹣﹣北京：
中译出版社, 2024.5
　　ISBN 978-7-5001-7899-6

　　Ⅰ.①工… Ⅱ.①刘… Ⅲ.①基本建设投资—投资决
策②基本建设项目—成本管理 Ⅳ.①F282②F284

　　中国国家版本馆CIP数据核字(2024)第101260号

工程项目投资决策与成本控制

GONGCHENG XIANGMU TOUZI JUECE YU CHENGBEN KONGZHI

出版发行 / 中译出版社
地　　址 / 北京市西城区新街口外大街28号普天德胜大厦主楼4层
电　　话 /（010）68359827, 68359303（发行部）；68359287（编辑部）
邮　　编 / 100044
传　　真 /（010）68357870
电子邮箱 / book@ctph.com.cn
网　　址 / http://www.ctph.com.cn

策划编辑 / 于建军
责任编辑 / 于建军
封面设计 / 蓝　博

排　　版 / 雅　琪
印　　刷 / 廊坊市文峰档案印务有限公司
经　　销 / 新华书店

规　　格 / 710毫米 × 1000毫米　　　1/16
印　　张 / 11.5
字　　数 / 200千字
版　　次 / 2025年1月第1版
印　　次 / 2025年1月第1次

ISBN　978-7-5001-7899-6　　　　　　　　　　　定价：88.00元

前 言

Preface

　　工程项目的投资决策与成本控制是项目管理领域中至关重要的议题之一。在当今快节奏、竞争激烈的商业环境中，有效的投资决策和成本控制不仅能够确保项目的顺利实施，还能够最大限度地实现项目目标并提高利润。本书旨在为工程项目管理者和研究者提供一本实用指南，帮助他们理解并应对工程项目投资决策和成本控制中的挑战。

　　在本书中，我们从项目管理的基本理论出发，逐步探讨了工程项目投资决策和成本控制的方方面面。首先，我们介绍了工程项目投资决策的理论基础，涵盖了投资决策的概述、风险分析与评估以及投资评价指标的应用。通过对这些基础概念的阐述，读者能够建立起对工程项目投资决策的整体认识，为后续的学习打下坚实基础。

　　接着，我们深入研究了工程项目投资决策的具体过程与方法。从项目可行性研究与评估、决策树模型到灰色关联度分析方法的应用，我们系统地介绍了各种工程项目投资决策工具和技术，并结合案例分析进行了实际应用的展示，使读者能够更好地理解和运用这些方法。

　　在工程项目成本估算与控制的章节中，我们重点探讨了成本估算的方法与技术，以及成本控制的关键要素与策略。通过案例分析，我们展示了成本控制在工程项目中的实际应用，为读者提供了宝贵的经验和启示。

　　除了成本控制外，风险管理在工程项目中同样至关重要。在风险管理与成本控制的章节中，我们介绍了风险管理的理论与方法，并探讨了风险对项目成本控制的影响及其在投资决策中的应用。通过这些内容，读者能够了解如何有效地管理项目风险，降低项目成本，提高项目成功的可能性。

　　质量管理和进度管理也是本书的重点内容。我们详细介绍了质量管理的基本原则与流程，以及质量成本的估算与控制方法，并结合案例分析探讨了质量管理在工程项目中的应用。同时，我们还介绍了进度管理的基本概念与方法，以及进度成本的估算与控制技术，并通过案例分析展示了进度管理在工程项目中的实际运用。

最后，在结论与展望部分，我们对全书进行了总结，并展望了工程项目投资决策与成本控制领域的未来发展方向。我们提出了一些建议与对策，希望能够为读者在实践中提供一些有益的指导。

在编写本书的过程中，我们致力于将理论知识与实践经验相结合，通过案例分析和应用指南，为读者提供一本既具有理论深度又具有实用性的参考书籍。我们相信，本书将成为工程项目管理领域的一本重要参考书，为项目管理者和研究者提供有益的指导和启示。

作者

2024.3

目 录

Contents

第一章 导论

第一节 研究背景与目的

一、研究背景

（一）全球工程项目的蓬勃发展

随着全球经济的持续增长和城市化进程的不断推进，工程项目在各行各业中的角色日益凸显。工程项目的范围广泛，涵盖了基础设施建设、房地产开发、能源资源开发、信息技术应用等诸多领域，它们对社会经济的发展起着至关重要的作用。

首先，基础设施建设是工程项目中的重要组成部分。随着城市化进程的加速和人口的持续增长，对基础设施建设的需求日益迫切。城市交通、供水供电、污水处理、医疗卫生等方面的基础设施建设不断推进，以满足日益增长的城市人口对生活质量的需求。例如，城市轨道交通、高速公路、桥梁、隧道等交通基础设施的建设，不仅缓解了交通拥堵问题，也促进了城市经济的发展。

其次，新技术的应用推动了工程项目的发展。随着科技的进步，诸如人工智能、大数据、物联网等新兴技术的应用逐渐渗透到工程项目的各个领域。智慧城市建设、智能制造、数字化工厂等项目的兴起，不仅提升了工程项目的效率和质量，也推动了相关产业的转型升级。例如，智能建筑技术的应用使得建筑物具备了自动化、智能化的特性，提高了建筑物的能源利用效率和人居舒适度。

全球化背景下的国际合作项目也为工程项目的发展注入了新的动力。跨国公司和国际组织之间的合作越来越频繁，国际的基础设施建设、能源资源开发、环境保护等项目层出不穷。这些项目不仅促进了各国之间的经济交流与合作，也为技术和经验的交流提供了平台，推动了全球工程项目管理水平的提升。

有效的投资决策需要综合考虑项目的经济效益、风险特征、社会影响等因素，以确保项目能够实现预期目标并取得可持续发展。同时，成本控制也是保障项目顺利进行的关键因素之一，合理控制成本能够保证项目在有限的资源下取得最大的效益。

（二）经济环境的变化与不确定性

当前的经济环境呈现出快速变化和高度不确定性的特征，这对工程项目的投资决策和成本控制提出了更为严峻的挑战。随着全球经济的不断发展和市场竞争的日益激烈，工程项目面临着来自多个方面的复杂影响。

首先，经济环境的快速变化使得工程项目的投资环境更加不稳定。全球经济周期的波动、国际贸易政策的变化、金融市场的不确定性等因素，都会对工程项目的投资决策产生直接影响。例如，经济衰退时期投资需求下降，可能导致项目资金紧张；而经济复苏时期，项目投资可能面临通货膨胀和成本上涨的压力。因此，项目管理者需要密切关注经济环境的变化，及时调整投资策略，以适应市场的变化。

其次，市场竞争的激烈程度加剧了工程项目的风险和压力。在市场竞争日益激烈的情况下，工程项目面临着来自同行业竞争者的价格战、技术竞争、人才争夺等多方面挑战。这种竞争压力直接影响了项目的盈利能力和市场地位，也增加了项目的不确定性。因此，项目管理者需要通过提高项目的技术含量、降低成本、提升服务质量等方式，增强项目的竞争力，以应对市场竞争带来的挑战。

全球化使得工程项目面临着来自不同国家、不同文化、不同政策环境的影响，项目管理者需要考虑更多的因素来制定投资决策和管理策略。同时，科技进步带来了新技术、新材料、新工艺的应用，虽然可以提高项目的效率和质量，但也带来了技术更新换代的风险和不确定性。因此，项目管理者需要不断学习和更新知识，提高对新技术和新趋势的应对能力，以确保项目的可持续发展。

二、研究目的

（一）探讨工程项目投资决策和成本控制的关键问题

工程项目投资决策和成本控制是项目管理中的关键环节，直接影响着项目的成功与否。在这一过程中，存在着一系列的关键问题需要认真探讨和解决。

1. 风险评估

工程项目常常伴随着各种类型的风险，包括市场风险、技术风险、政策风险等。在投资决策阶段，项目管理者需要对这些风险进行全面、系统地评估，以确定项目的可行性和投资回报率。然而，风险评估过程中存在着诸多挑战，如风险因素的不确定性、评估方法的局限性等，这些都需要通过合理的风险管理措施来加以应对。

2. 成本估算

项目的成本估算涉及项目各个阶段的费用预算、资源调配和资金筹措等方面。然而，由于工程项目的复杂性和不确定性，成本估算往往存在着一定的偏差和风险。项目管理者需要通过合理的成本估算方法和技术手段，提高成本估算的准确性和可靠性，以避免项目发生成本超支或资金紧张的情况。

3. 质量管理

工程项目的质量直接关系到项目的可持续发展和客户满意度。项目管理者需要在投资决策阶段就对项目的质量目标和标准进行明确和规划，并在项目实施过程中进行有效的质量监控和控制。然而，由于工程项目的复杂性和多样性，质量管理往往面临着诸多挑战，如质量标准的制定和执行、质量监控手段的选择和应用等，这些都需要项目管理者具备一定的专业知识和管理经验，以确保项目的质量达到预期目标。

（二）总结经验，提出建议

在工程项目投资决策和成本控制的实践中，我们可以总结出一系列宝贵的经验教训，同时提出一些具体的管理建议，以帮助项目管理者更好地应对挑战、提高管理效率，实现项目成功。

首先，经验总结显示，充分的前期准备工作对于工程项目的成功至关重要。在投资决策阶段，项目管理者应该进行全面的市场调研和风险评估，充分了解项目所处的行业环境、市场需求和竞争格局，识别和评估项目面临的各种风险，并采取有效的措施进行应对。同时，项目管理者还应该做好项目的规划和设计工作，明确项目的目标、范围、进度和预算，确保项目能够顺利进行。

其次，对于成本控制而言，精准的成本估算和有效的成本管理是实现项目盈利能力的关键。项目管理者应该运用合适的成本估算方法和技术工具，对项目的各项成本进行准确评估，并建立科学合理的成本控制体系，监控项目的成本变化，及时发现和解决成本偏差，确保项目能够在预算范围内完成。此外，项目管理者还应该注重成本的节约和效益的最大化，优化资源配置，提高工作效率，降低项目的运营成本，以提高项目的盈利能力和竞争力。

项目管理者应该建立健全的质量管理体系，制定严格的质量标准和检验流程，加强对项目各个环节的质量监控和控制，确保项目能够按照质量要求和客户需求实施，提高项目的质量水平和客户满意度。同时，项目管理者还应该注重团队建设和人员培训，提高项目团队成员的专业素质和工作技能，增强团队的凝聚力和执行力，以确保项目的顺利进行和顺利完成。

第二节　研究范围与重要性

一、研究范围

（一）涵盖的工程项目类型

本书将覆盖多种类型的工程项目，以全面了解不同领域下的投资决策和成本控制实践。首先，基础设施建设项目是工程项目管理中的重要组成部分，涵盖了道路、桥梁、轨道交通、港口码头、水利工程等各类基础设施建设。这些项目通常需要大量的资金投入，涉及多方利益相关者，具有长周期、高风险的特点。其次，房地产开发项目是工程项目管理的另一个重要领域，包括住宅、商业、办公等各类房地产项目。这些项目涉及土地获取、规划设计、施工建设、销售运营等多个环节，对资金、技术和市场需求有较高的要求。此外，信息技术项目也是本书关注的对象之一，涵盖了软件开发、信息系统建设、网络建设等多个方面。随着信息技术的快速发展，信息技术项目的规模和复杂性不断增加，对投资决策和成本控制提出了新的挑战。

除此之外，本书还将考虑能源资源开发、环境保护工程、农业水利建设等其他类型的工程项目，以全面了解工程项目管理中的投资决策和成本控制问题。通过对这些不同类型的工程项目进行研究和比较分析，我们可以深入了解不同行业的特点和需求，为提高工程项目管理的效率和成功率提供参考和启示。

（二）考虑的管理层级和决策阶段

本书将涉及多个管理层级和决策阶段，从项目的初期阶段到实施阶段，全面把握工程项目管理的全过程。首先，在项目的初期阶段，我们将关注项目的可行性研究和投资决策。在这个阶段，项目管理者需要对项目进行全面的可行性评估，包括市场需求分析、技术可行性评估、财务评估等方面，以确定项目的可行性和投资回报率。在投资决策方面，项目管理者需要综合考虑项目的风险特征、资金来源、投资回报率等因素，做出是否启动项目的决策。其次，在项目的规划和设计阶段，我们将关注项目的整体规划和目标设定。在这个阶段，项目管理者需要明确项目的目标、范围、进度和预算等方面的要求，制定项目的工作计划和执行方案，为项目的顺利实施奠定基础。然后，在项目的实施阶段，我们将关注项目的成本控制和风险管理。在成本控制方面，项目管理者需要监控项目的成本变化，及时发现和解决成本偏差，确保项目能够在预算范围内完成。在风险管理方面，项目管理者需要识别和评估项目的各种风险，并制定相应的风险应对策略，降低项目风险对项目进度和成本的影响。最后，在项目的收尾阶段，我们将关注项目的总结和评估。在这个阶段，项目管理者需要对项目的整体表现进行评估，总结项目管理经验和教训，为未来的项目提供参考和借鉴。通过对这些管理层级和决策阶段的研究和分析，我们可以全面了解工程项目管理的全过程，为提高项目管理的效率和成功率提供参考和启示。

二、研究的重要性

（一）提高项目管理效率和成功率

1. 提高管理方法与工具的科学性

通过深入研究工程项目投资决策和成本控制的关键问题，可以帮助项目管理者深入了解项目管理的本质和规律，从而提高管理方法和工具的科学性。例如，针对风险评估和成本估算这样的关键问题，可以开发出更加精确、有效的模型和算法，帮助项目管理者更准确地评估和控制项目的风险和成本。

2. 提升管理效率和决策水平

通过研究工程项目投资决策和成本控制的实践经验和案例，可以总结出一系列的管理经验和最佳实践，为项目管理者提供指导和启示。这些经验和实践可以帮助项目管理者更加高效地组织和管理项目，提高决策水平和执行能力，从而提高项目的管理效率和成功率。

3. 加强团队协作和沟通

工程项目管理涉及多方利益相关者的合作和沟通，而投资决策和成本控制是项目管理中的重要环节。通过深入研究工程项目投资决策和成本控制的关键问题，可以促进团队成员之间的沟通和协作，提高团队的凝聚力和执行力，从而更好地实现项目目标。

（二）促进工程项目管理的可持续发展

1. 推动管理理念和方法的创新

工程项目管理是一个不断发展和进步的领域，科学合理的投资决策和成本控制是实现项目可持续发展的关键。通过研究工程项目投资决策和成本控制的关键问题，可以促进管理理念和方法的创新，推动工程项目管理向更加科学、智能的方向发展。

2.提高资源利用效率和经济效益

科学合理的投资决策和成本控制可以帮助项目管理者更好地管理项目资源，提高资源利用效率和经济效益。例如，通过优化项目的投资结构和资金运作方式，可以降低项目的融资成本和资金占用率，提高项目的盈利能力和投资回报率。

3.促进产业结构优化和升级

工程项目管理是现代产业发展的重要支撑，科学合理的投资决策和成本控制对于促进产业结构优化和升级具有重要意义。通过研究工程项目投资决策和成本控制的关键问题，可以为产业发展提供更加科学、合理的决策支持，推动产业结构向高端化、智能化方向升级，提高产业竞争力和可持续发展能力。

第三节　研究方法与数据来源

一、研究方法

（一）文献综述与案例分析

1.文献综述

文献综述是研究工程项目投资决策和成本控制的重要环节，通过对相关领域的学术文献、行业报告和专业期刊的综合分析，可以深入了解其理论框架和研究现状。首先，工程项目管理领域的相关理论和模型是研究的基础。在投资决策方面，各种投资决策理论和模型被广泛应用，如现金流量贴现法、实物资本预算技术、风险投资决策模型等，这些理论和模型为项目投资决策提供了理论基础和方法指导。在成本控制方面，成本控制方法也是工程项目管理中的重要内容，常用的方法包括成本估算技术、成本绩效指标、成本控制周期等，这些方法对项目的成本控制起到了关键作用。

其次，分析国内外工程项目管理实践中的典型案例和经验也是文献综述的重要内容。通过对不同行业、不同项目类型下的投资决策和成本控制实践进行分析，可以了解到实际项目中面临的挑战和解决方案。例如，基础设施建设项目、房地产开发项目、信息技术项目等领域的案例分析，可以揭示出在不同项目背景下，投资决策和成本控制所面临的特殊问题和应对策略。这些案例和经验为后续研究提供了丰富的实践参考和借鉴。

2.案例分析

案例分析在研究工程项目投资决策和成本控制方面具有重要意义。通过对真实案例的深入研究和分析，可以揭示工程项目管理实践中的关键问题和挑战，为项目管理者提供宝贵的经验教训和管理启示。

选择具有代表性和典型性的工程项目案例是案例分析的首要任务。这些案例应涵盖不同行业、不同规模的项目，以确保分析结果的广泛适用性。例如，基础设施建设项目、房地产开发项目、信息技术项目等领域的案例都可以作为研究对象。在选择案例时，需要考虑项目的成功与否、管理措施的有效性以及所面临的特殊情况等因素，以确保案例的代表性和可分析性。

在进行案例分析时，首先要对案例进行深入地研究，了解项目的背景信息、投资决策过程、成本控制实践以及项目管理的效果。通过收集项目相关的文献资料、报告数据和管理记录，可以获取到案例分析所需的关键信息和数据支持。然后，对这些信息和数据进行系统性地分析，重点关注投资决策的合理性、成本控制的有效性以及管理措施的实施情况。通过比较不同项目之间的异同，可以发现其中存在的问题和不足之处。

在案例分析的过程中，需要注意挖掘案例中的经验教训，并总结出相应的管理启示。例如，可以分析成功案例的管理做法和经验，总结成功的关键因素和管理要点；同时，也要深入探讨失败案例的原因和教训，提出相应的改进建议和预防措施。通过案例分析，可以为工程项目管理提供实践指导和管理借鉴，提高项目管理的效率和成功率。

（二）定量分析与质性研究

1.定量分析

定量分析是研究工程项目投资决策和成本控制的重要方法之一，通过统计分析和数据建模等手段，对关键问题进行量化分析和评估，以揭示潜在的规律和趋势。在进行定量分析时，有以下几个步骤：

（1）收集和整理相关数据

这些数据包括但不限于项目投资规模、成本结构、风险因素、项目进度、质量指标等。可以通过文献调研、实地调查、数据库查询等方式获取数据，确保数据的准确性和完整性。在收集数据的过程中，需要考虑到数据的来源、采集方法以及可能存在的局限性，以保证后续分析的可靠性。

（2）构建相应的数据模型

根据研究目的和数据特点，设计合适的数据模型来描述工程项目投资决策和成本控制过程中的关键问题。常用的数据模型包括回归模型、时间序列模型、因子分析模型等。通过建立数据模型，可以对数据进行更深入地分析和挖掘，发现数据之间的内在关系和规律。

（3）运用统计软件和方法

利用统计学方法和工具，对收集到的数据进行处理和分析，得出相关的统计指标和结果。常用的统计分析方法包括描述统计分析、假设检验、相关分析、回归分析等。通过统计分析，可以揭示数据之间的相关性、趋势变化以及影响因素的重要性，为后续研究提供客观的数据支持和验证。

最后，根据定量分析的结果，分析各个因素对项目管理的影响程度，确定其重要性和作用机制。通过比较不同因素之间的关系和变化趋势，可以发现关键问题的根源和解决方向，为工程项目管理提供科学的决策依据和管理策略。

2. 质性研究

质性研究方法在研究工程项目投资决策和成本控制方面具有重要意义。通过深度访谈、问卷调查、专家访谈等方式，收集和整理项目管理者、业内专家和相关利益相关者的意见和经验，从而深入了解工程项目管理实践中的关键问题和管理实践。

第一，深度访谈是质性研究的核心方法之一。通过与项目管理者和相关利益相关者进行深入的面对面交流，可以获取到他们的真实感受、看法和经验。在访谈过程中，研究者可以提出开放式的问题，引导被访者畅所欲言，从而获取到丰富的信息和数据。通过对访谈内容的录音和整理，可以系统地分析和总结出工程项目投资决策和成本控制中的关键问题和管理实践。

第二，问卷调查是质性研究的另一种重要方法。通过设计合适的问卷，向大量的项目管理者和相关利益相关者发放，收集他们的意见和观点。问卷调查可以获取到更广泛的反馈和意见，帮助研究者全面了解工程项目管理实践中存在的问题和挑战。同时，问卷调查还可以量化地分析和比较不同群体的意见和看法，为后续研究提供更多的参考和依据。

第三，专家访谈是质性研究的补充和验证手段。通过与业内专家进行交流和讨论，可以获取到他们在工程项目管理领域的专业知识和经验。专家访谈可以帮助研究者验证研究结果的可靠性和有效性，提出专业性的建议和意见，为研究提供更加全面和权威的支持。

二、研究数据来源

（一）文献资料和数据库

1. 学术期刊

将收集工程项目管理领域相关的学术期刊文章，包括但不限于《工程管理评论》《国际工程项目管理杂志》等，以获取最新的研究成果、理论探讨和案例分析。通过系统检索和分析，可以获取到关于工程项目投资决策和成本控制的前沿研究和学术观点。

2. 行业报告

收集国内外工程项目管理领域的行业报告和市场调研数据，了解工程项目管理的发展趋势、行业现状和关键问题。这些报告通常由专业机构或研究机构发布，包含丰富的实证数据和案例资料，可作为研究的重要参考依据。

3. 管理案例

搜集工程项目管理领域的管理案例，涵盖不同行业、不同项目类型和不同管理模式的实际案例。通过对这些案例的深入分析，可以了解到工程项目投资决策和成本控制在实际项目中的应用情况，发现成功经验和失败教训。

（二）专家访谈和调查问卷

专家访谈是一种重要的研究方法，可以通过与工程项目管理领域的专家进行深入访谈，获取他们在项目投资决策和成本控制方面的实践经验、理论观点和管理方法。这些专家可能涵盖项目管理者、学者、行业领袖等不同背景的人士，他们拥有丰富的实践经验和专业知识，能够为研究提供宝贵的意见和建议。

在进行专家访谈时，首先需要选择合适的专家，并与他们进行深入地交流和讨论。通过提出针对性的问题，引导专家分享他们在工程项目管理实践中的经验和见解。这些问题可能涉及项目投资决策的制定、成本控制的执行、风险管理的策略等方面，以及他们对未来发展趋势的预测和建议。通过与专家的交流，可以深入了解行业的最新动态和管理实践，为研究提供理论上的支持和实践上的指导。

调查问卷是另一种重要的数据收集工具，可以设计并分发给工程项目管理从业者，收集他们对项目投资决策和成本控制的看法、经验和意见。问卷设计需要考虑到问题的针对性和有效性，确保能够获取到准确的数据和信息。通过统计分析和数据挖掘，可以对问卷结果进行量化分析，获取大量的统计数据和趋势信息，从而为研究提供客观的数据支持和验证。

第二章 工程项目投资决策的理论基础

第一节 工程项目投资决策概述

一、项目投资的含义及种类

项目投资是指企业或个人对特定项目进行的长期投资行为，其目的在于获取长期稳定的收益或增值。这种投资行为通常涉及对企业内部各项长期资产的投入，例如固定资产、无形资产等。项目投资往往需要进行资金的长期投入，因此被称为长期投资决策或资本投资决策。在进行项目投资决策时，企业需要进行资本预算，即规划投资项目的现金流量和财务评估，以确定投资的可行性和收益性。

（一）项目投资的种类

基本建设项目和更新改造项目：基本建设项目指的是新建或扩建的项目，例如新建厂房、购置新设备等；更新改造项目则是对现有设施或设备进行升级改造，以提高生产效率或符合环保要求。

1. 生产性项目和非生产性项目

生产性项目与非生产性项目是企业在进行投资时常见的两种类型，它们在目标、用途和效果上有着明显的区别。

生产性项目主要指能够直接为企业的生产经营提供支持和服务的项目。这类项目的主要目标是为企业的核心业务提供支持，以促进生产效率和产品质量的提升。典型的生产性项目包括购置新的生产设备、扩建生产厂房、引进新的生产技术等。这些投资能够直接增加企业的生产能力和产出，对于企业的盈利能力和市场竞争力有着直接的影响。

相反，非生产性项目则更侧重于提升企业整体竞争力或改善员工福利的投资。这类项目的目标可能不直接与企业的生产经营相关，而是更多地关注企业的管理和文化建设，以及员工的福利和素质提升。例如，企业可能会投资于企业文化建设，包括建立企业核心价值观、加强内部沟通和团队建设等；或者进行员工培训计划，提升员工的技能水平和专业素养。这些投资虽然不直接增加企业的生产能力，但却能够提高企业的管理水平、凝聚力和员工满意度，间接地促进企业的长期发展和可持续经营。

生产性项目和非生产性项目在企业投资决策中扮演着不同的角色，但都对企业的发展具有重要意义。合理地平衡和布局这两类项目，能够更好地提升企业整体竞争力，实现长期可持续发展的目标。因此，企业在进行投资决策时，需要根据自身的战略定位和发展需求，科学地规划和管理这两类项目，以实现最优的投资效益和经营效果。

2. 项目规模

根据项目的规模大小划分，可以将项目分为大型项目、中型项目和小型项目。这种划分主要是为了更好地管理和组织不同规模的项目，并针对其特点采取相应的管理措施和策略。

大型项目通常涉及重大的基础设施建设或行业重大投资。这些项目往往涉及巨额资金、长周期、复杂的技术和管理难度大等特点。例如，大型基础设施项目如高速公路建设、铁路建设、核电站建设等，以及大型工业项目如钢铁厂、汽车制造厂等，都属于大型项目的范畴。由于其规模庞大，需要调动大量的资源和人力，因此在项目管理上需要有较高的技术水平和管理能力，以确保项目能够按时按质完成，达到预期的效益和目标。

中型项目包括了一些规模适中、投资相对较少但仍具有一定规模和影响力的项目。这些项目可能涉及医院建设、学校建设、商业综合体建设等领域。虽然相对于大型项目来说，中型项目的投资规模较小，但仍然需要进行有效地管理和组织，以确保项目的顺利实施和运营。

小型项目指规模较小、投资相对较少的项目。这类项目可能包括了一些小型商业建设、个体工程建设等。虽然项目规模较小，但仍然需要严格管理和有效控制成本，以确保项目的经济效益和可持续发展。

（二）项目周期

项目周期是指一个项目从规划、立项、筹资、建设、投产运营直至项目结束的整个过程，是项目生命周期的总称。在项目管理中，正确理解和划分项目周期是至关重要的，因为它影响着项目各个阶段的规划、执行和控制。

项目周期通常分为投资前期、投资期和运营期三个主要阶段。投资前期是项目启动的阶段，包括项目立项、可行性研究、市场调研、融资准备等工作。在这个阶段，项目团队需要明确项目目标、确定项目范围、评估项目可行性以及制定项目计划等。投资期是项目的建设和投产阶段，涵盖了项目的实际建设和投产运营的过程。在这个阶段，项目团队需要进行资源调配、施工管理、质量控制等工作，确保项目按时按质完成。运营期是项目正式投入使用后的经营管理阶段，需要对项目进行持续监管和运营管理，保障项目的可持续发展和运营效益。

项目周期中的各个阶段相互关联、相互作用，形成了一个完整的闭环。投资前期的规划和准备工作直接影响到后续的项目建设和运营，而项目建设和运营的情况又反过来影响到项目的长期运行和效益。因此，在项目管理中，需要全面考虑项目周期的各个阶段，并制定相应的管理策略和措施，以确保项目的顺利实施和最终成功。

二、投资决策的含义及特点

决策是管理的基本职能之一，也是企业家管理企业至关重要的手段。决策过程实质上是选择和决定对策或策略的过程。企业家所做出的决策通常决定着企业的生存和发展状况。人们常常对企业经营成败的决策进行褒贬不一的评说。有时甚至将企业家做出的关系到企业存亡的决策的原因归结为某些偶然因素，诸如企业家的个性或某个偶然事件的发生等。实际上从企业家决策行为过程来分析，企业家之所以选择某一对策或策略，通常都是追求效用最大的产物。在企业的管理中，投资决策具有重要的意义和特点。

（一）长期性和战略性

投资决策的长期性和战略性是企业发展过程中至关重要的特征之一。这一特点源自投资项目本身具有的长周期和持续性的影响。在实践中，投资项目的规划、实施和结果往往需要在较长的时间跨度内得以展现，其决策结果可能在未来数年甚至更长时间内对企业的发展和运营产生深远影响。

投资项目的长期性意味着投资决策的考量不仅限于眼前的利益和短期的回报，更需要考虑到未来的发展趋势和长远的战略目标。企业在做出投资决策时，需要综合考虑项目的长期收益、持续性影响以及与企业整体战略目标的一致性。因此，投资决策往往涉及对未来市场趋势、行业竞争格局、技术发展趋势等因素的深入分析和预测。

投资决策的战略性体现在其需要与企业的战略定位和发展方向相契合。企业在进行投资决策时，应当考虑到企业当前的竞争优势、核心能力以及未来的发展战略，确保所选投资项目能够为企业长期发展提供战略支持和竞争优势。因此，投资决策需要与企业的战略规划和发展方向密切结合，确保投资项目的选择与企业整体发展战略保持一致性。

（二）风险和不确定性

在投资决策过程中，风险和不确定性是不可避免的因素，它们常常对投资项目的成功与否产生重大影响。风险指的是可能发生的未来事件造成的损失或波动，而不确定性则是指对未来事件的发生和结果缺乏充分的预测能力。

市场的变化可能包括供需关系、价格波动、消费者偏好等因素的变化，这些变化可能会直接影响到投资项目的盈利能力和市场地位。例如，市场需求的突然下降或竞争对手的战略变化都可能对项目的收益产生负面影响。

随着科技的进步和创新，新的技术可能会迅速取代旧技术，导致原有投资项目的陈旧和淘汰。因此，在投资决策中需要考虑到技术变革可能对项目的长期影响，并采取相应的应对措施，以应对技术变革带来的风险。

市场竞争的激烈程度可能随时发生变化，新的竞争对手的涌现或现有竞争对手的策略调整都可能对投资项目的盈利能力和市场份额产生影响。因此，投资决策者需要密切关注市场竞争态势的变化，灵活调整投资策略，以降低竞争带来的风险。

在面对风险和不确定性时，投资决策者需要采取有效的风险管理措施，包括但不限于多元化投资、合理配置资金、建立风险应对机制等，以降低风险并最大化收益。同时，及时调整投资策略和项目运营方式，以适应市场的变化和不确定性，是保证投资项目长期稳健发展的关键。

（三）信息的不对称性

在实际决策过程中，企业常常面临着信息不对称的挑战，这意味着不同利益相关方可能拥有不同水平和来源的信息。这种情况下，企业需要通过积极的信息收集、整理和分析，以尽可能减少信息不对称性对投资决策的负面影响，确保决策的科学性和合理性。信息不对称性可能源于各种因素，如市场信息的不透明性、参与者的信息获取能力和资源的不均等性，以及信息的不对称分配等。在这种情况下，企业需要采取措施，通过加强内部信息管理、建立信息共享机制、加强与利益相关方的沟通和协作等方式，来弥补信息的不对称性。此外，企业还可以利用信息技术手段，如大数据分析、人工智能等，来提高信息获取和处理的效率和准确性。通过这些努力，企业可以更好地理解市场环境、竞争对手的动态、消费者的需求等关键信息，从而制定更加科学和有效的投资决策，提高企业的竞争力和长期发展潜力。在信息不对称的背景下，企业还应该保持谨慎和审慎的态度，不断学习和改进决策过程，以适应不断变化的市场环境和竞争压力。因此，信息不对称性对企业投资决策的影响是一个复杂而重要的问题，需要企业在不断实践中不断探索和总结经验，以提升自身的决策能力和应对风险的能力。

（四）决策者的主观判断和行为

在复杂多变的市场环境中，投资决策受到决策者个人经验、偏好和态度等因素的深刻影响。决策者的主观判断和行为在很大程度上决定了投资决策的方向和结果。首先，决策者的个人经验扮演着重要角色。他们过往的经验和教训会在决策过程中起到指导作用，影响他们对市场走势、风险和机会的认知。其次，决策者的偏好和态度也会对决策产生重要影响。个人的价值观、风险偏好以及对回报的期望都会影响其决策的方向和幅度。例如，一位保守型的决策者可能更倾向于选择风险较低的投资项目，而一位激进型的决策者则可能更愿意承担较高的风险以获取更高的回报。此外，决策者的心理素质和沟通能力也对决策过程产生重要影响。面对市场波动和压力，决策者需要具备良好的应变能力和心理素质，以保持冷静和清醒的头脑，做出明智的决策。同时，良好的沟通能力也能够帮助决策者与团队成员、利益相关方进行有效地沟通和协商，从而达成共识，推动决策的执行。因此，决策者需要具备较高的决策能力和判断力，同时注重自身的心理素质和沟通能力的提升，以应对复杂多变的市场环境，实现投资决策的科学性和有效性。

三、项目投资决策的分析方法

项目投资决策的分析方法是评估和比较不同投资方案的工具和技术，以便做出合理的投资决策。这些方法可根据是否考虑时间价值分为非贴现法和贴现法。

（一）非贴现法

1.静态回收期法

静态回收期法是一种在投资决策中常用的评价方法，其简单直观的特点使其在实践中得到了广泛地应用。该方法旨在评估投资项目的回收速度，即投资回收期的长短。投资回收期被定义为项目投资的时间长度，使得项目的累积现金流入与累积现金流出相等。在进行静态回收期分析时，通常假设项目期间的现金流量保持稳定，不会受到外部因素的影响。

静态回收期的计算方法相对简单，只需将项目的投资支出与预期的年现金流入进行比较，并计算出使得累积现金流入等于累积现金流出的时间长度。如果项目的回收期较短，则意味着投资将更快地回收，从而降低了投资风险;反之，如果回收期较长，则可能需要更长的时间来回收投资，增加了投资的不确定性和风险。

然而，静态回收期法也存在一些局限性。首先，该方法未考虑现金流的时间价值，即未对不同时间点的现金流进行折现处理，因此可能忽略了投资的时效性。其次，静态回收期法未考虑项目的整体收益水平，而仅仅关注回收时间的长短，可能导致对项目价值的综合评估不足。此外，静态回收期法假设现金流量保持稳定，未考虑外部因素的影响，这与实际情况可能存在偏差。

尽管静态回收算法存在一些局限性，但其简便性和直观性使其在一些简单项目的评估中仍然有其价值。然而，在更为复杂的投资决策中，静态回收期法通常需要与其他更全面的评估方法结合使用，以获得更准确和全面的投资决策结果。

2. 平均会计收益率法

平均会计收益率法（Average Accounting Rate of Return，简称 ARR）是一种常用的投资评价方法，用于评估项目的收益性。该方法通过计算项目的平均年净利润与平均投资额之比，来确定项目的平均会计收益率。ARR 方法通常用于静态投资评估，适用于项目期限相对稳定、现金流量较为均衡的情况。

在进行平均会计收益率法的分析时，首先需要计算项目的净利润，通常采用项目期间的净利润总额除以项目期间的年数得到平均年净利润。然后，需要计算项目的平均投资额，包括项目的总投资额和期末残值的平均值。最后，将平均年净利润除以平均投资额，即可得到项目的平均会计收益率。

平均会计收益率法的优点在于其简单易用，计算方法直观，能够提供一个相对直观的收益性指标。此外，ARR 方法还能够反映项目的整体收益水平，有助于项目管理者进行收益性的初步评估和比较。

然而，平均会计收益率法也存在一些局限性。其一，该方法忽略了现金流的时间价值，即未考虑不同时间点的现金流量的折现效应，导致无法准确反映项目现金流的时序性。其二，ARR 方法未考虑项目的投资风险，仅仅关注项目的平均收益水平，可能忽略了项目的不确定性和风险。

因此，在实际应用中，平均会计收益率法通常需要结合其他更全面的评价方法来进行综合分析，以确保对项目的收益性进行全面和准确地评估。同时，也需要注意该方法的局限性，特别是在面对复杂的投资决策时，应谨慎使用并进行适当的修正和补充分析。

3. 平均报酬率法

平均报酬率法（Average Rate of Return，简称 ARR）是一种用于评估项目收益性的投资评价方法。该方法通过计算项目期间的平均年收益与平均投资额之比，来确定项目的平均报酬率。ARR 方法通常用于静态投资评估，它提供了一个简单直观的指标，用于评估项目的收益水平。

在使用平均报酬率法进行分析时，一是需要计算项目期间的总收益，通常是项目期间的净现金流总额。二是，需要计算项目的平均投资额，包括项目的总投资额和期末残值的平均值。三是，将总收益除以平均投资额，即可得到项目的平均报酬率。

平均报酬率法的优点在于其简单易用，计算方法直观，能够提供一个相对直观的收益性指标。它不需要考虑现金流的时间价值，因此对项目的投资期限和现金流量的时序性要求相对较低。

然而，平均报酬率法也存在一些局限性。首先，由于该方法不考虑现金流的时间价值，因此未能充分考虑不同时间点的现金流量对项目价值的影响，可能导致投资决策的不准确性。其次，平均报酬率法未考虑项目的风险因素，仅仅关注项目的平均收益水平，可能忽略了项目的不确定性和风险。

因此，在使用平均报酬率法进行投资决策时，需要结合其他更全面的评价方法来进行综合分析，以确保对项目的收益性进行全面和准确的评估。同时，也需要谨慎考虑该方法的局限性，特别是在面对复杂的投资决策时，应进行适当的修正和补充分析，以提高评估的准确性和可靠性。

（二）贴现法

1. 净现值法

净现值法（Net Present Value，NPV）是一种经典而常用的贴现方法，用于评估投资项目的经济可行性和价值。该方法基于现金流量的概念，通过比较项目期间的现金流入和现金流出，考虑时间价值的影响，以计算项目的净现值。净现值是指项目期间所有现金流量的折现值之和与投资成本之间的差额。

在净现值法中，首先需要确定项目的现金流量。这包括项目在不同时间点产生的现金流入和现金流出，例如投资阶段的投资支出、经营阶段的营业收入、成本支出、税收等。然后，这些现金流量需要按照一定的折现率进行贴现，以考虑货币的时间价值和风险因素。通常情况下，折现率会根据项目的风险水平、市场利率以及资本成本等因素进行确定。

计算净现值的步骤包括：

（1）确定投资项目的现金流量，包括预期的现金流入和现金流出；

（2）选择合适的折现率，通常使用资本成本或加权平均资本成本（Weighted Average Cost of Capital，WACC）；

（3）将项目期间的现金流量按照折现率进行贴现，得到各个现金流量在投资时点的折现值；

（4）将折现值相加，得到项目的净现值。具体计算公式如下：

$$NPV = \sum_{t=0}^{n} \frac{CFt}{(1+T)^t} - Initial\ Inuestment \qquad （式\ 2-1）$$

其中，NPV 为净现值，CF_t 标识 t 期的现金流量，r 标识折现率，n 表示项目的持续期限，$Initial\ Investment$ 表示初始投资成本。

净现值法的核心思想在于考虑了投资项目的时间价值和现金流量的风险，能够提供一个综合的评估指标来判断投资项目的价值。如果项目的净现值为正，则意味着项目的收益大于投资成本，具有盈利能力，是一个值得投资的项目；如果净现值为负，则表示项目的收益低于投资成本，不具备经济可行性。

2. 现值指数法

现值指数法（Present Value Index，PVI），又称为投资收益率指数或收益现值比率，是一种用于评估投资项目经济效益的方法之一。它通过比较项目期间的现金流入现值与现金流出现值的比率，来评估项目的投资收益率。现值指数法将项目的现金流量按照一定的折现率进行贴现，然后将现金流入现值与现金流出现值相除，得出的比率即为现值指数。如果现值指数大于1，则表明项目的现金流入现值大于现金流出现值，即项目的收益高于投资成本，是一个可行的投资项目。

现值指数法的计算过程可以简述如下：

（1）首先确定项目的现金流量，包括投资阶段的投资支出以及经营阶段的预期现金流入和现金流出。

（2）选择合适的折现率，通常使用资本成本或加权平均资本成本（WACC）。

（3）将项目期间的现金流量按照折现率进行贴现，得到现金流入和现金流出的现值。

（4）计算现值指数，即将现金流入现值与现金流出现值相除，得出的比率。

具体地，现值指数（PVI）的计算公式如下所示：

$$PVI = \frac{现金流入现值}{现金流出现值}$$
（式2-2）

其中，现金流入现值是指项目期间所有现金流入的折现值之和，现金流出现值是指项目期间所有现金流出的折现值之和。

现值指数法的优点在于简单易懂，直观地反映了项目投资的经济效益。当现值指数大于1时，表示项目的收益高于投资成本，具有投资价值；当现值指数等于1时，表示项目的收益等于投资成本，处于收支平衡状态；而当现值指数小于1时，则意味着项目的收益低于投资成本，不具备经济可行性。

然而，现值指数法也存在一些局限性。例如，它没有考虑项目的持续期限、项目的现金流量分布以及折现率的变化等因素，可能导致对项目价值的评估存在偏差。

3. 内含报酬率法

内含报酬率法（Internal Rate of Return，IRR）是一种常用的贴现率方法，用于评估投资项目的收益率和经济效益。该方法通过计算使项目的净现值等于零时的折现率来确定项目的内在收益率，即投资项目的预期收益率。内含报酬率法能够帮助投资者确定投资项目的收益水平，即使项目的净现值为零，也可以知道项目的收益率，从而辅助投资决策。

内含报酬率法的计算过程可以简述如下：

（1）确定项目的现金流量，包括投资阶段的投资支出以及经营阶段的预期现金流入和现金流出。

（2）在给定的折现率范围内，计算项目的净现值（NPV）。通过试错法或使用计算软件，确定使项目净现值等于零的折现率，即内含报酬率。

（3）内含报酬率即为使项目的净现值等于零时的折现率，表示投资项目的预期收益率。

内含报酬率法的计算公式不是直接给出的，而是通过试错法或计算软件来确定。通常情况下，内含报酬率可以通过二分法、牛顿法或使用电子表格软件等工具进行计算。

内含报酬率法的优点在于能够直观地反映项目的收益率，即使项目的净现值为零，也可以知道项目的收益率水平。内含报酬率可以作为项目投资决策的一个重要参考指标，帮助投资者评估项目的经济可行性和风险水平。此外，内含报酬率还具有时间价值的特点，能够考虑现金流量的时间分布对项目收益率的影响。

然而，内含报酬率法也存在一些局限性。例如，当项目存在多个内含报酬率时，可能会导致计算结果的不确定性；当项目的现金流量出现变动或不规律时，内含报酬率法的计算可能会变得复杂或无法确定。

第二节　投资决策中的风险分析与评估

一、工程项目风险的概念

（一）风险的概念

1. 风险的定义

风险在各个领域中都被广泛定义为不确定性的可能性，即某事件或行为可能导致不利后果的潜在程度。在工程项目管理中，风险是指不确定性因素对项目目标达成的潜在影响。这些不确定性因素可能涉及技术、市场、政策、财务等各个方面，对项目的进展和成果可能产生积极或消极的影响。

风险可以分为内部风险和外部风险。内部风险是指项目内部因素带来的不确定性，如技术问题、管理问题、资源问题等；外部风险则是指项目外部环境带来的不确定性，如市场变化、政策法规变化、自然灾害等。这些不确定性因素可能会影响项目的进度、成本、质量、安全等方面，从而对项目的整体目标达成产生影响。

风险可以根据发生的可能性和影响程度来进行分类。常见的风险分类包括：常规风险（或已知风险）和非常规风险（或未知风险）；可预测风险和不可预测风险；可控风险和不可控风险。常规风险是指在项目计划和执行过程中可以预见和识别的风险，可以通过风险管理措施进行有效控制；非常规风险是指难以预测和识别的风险，通常需要灵活应对和应急处理。可预测风险是指在项目开始前就可以被预测到的风险，可以通过风险分析和规划进行控制；不可预测风险则是指在项目开始前无法准确预测的风险，需要灵活应对和处理。可控风险是指可以通过项目管理措施进行控制和管理的风险；不可控风险则是指无法通过项目管理手段进行控制的风险，通常需要其他方式进行应对。

风险还可以根据其影响程度和紧急程度来进行评估和优先级排序。影响程度可以包括财务影响、技术影响、进度影响、安全影响等方面；紧急程度则是指风险发生的可能性和影响程度，越紧急的风险需要越及时和有效的应对措施。

2. 风险的本质

风险的本质在于不确定性，它反映了人们对未来事件的预测和控制能力的局限性。在工程项目管理中，风险的本质体现在各个方面，涵盖了技术、市场、供应链、人力资源、政策法规等多个方面，给项目的实施和管理带来了挑战和不确定性。理解风险的本质对于有效的风险管理至关重要，因为只有通过认识并应对风险的不确定性，才能最大限度地降低风险对项目的负面影响，确保项目顺利实施和取得成功。

风险的本质在于未来事件的不确定性。无论是技术发展、市场需求、政策法规还是竞争环境，都存在着变化和不确定性。这意味着无法准确预测未来的发展趋势和结果，项目可能面临着各种意想不到的挑战和风险。例如，技术可能会出现故障或失效，市场需求可能会发生变化，政策法规可能会调整，供应链可能会中断等，这些都会对项目的进展和成果产生不利影响。

风险的本质在于人们对未来事件的控制能力的限制。虽然可以采取一系列措施来降低风险的发生概率和影响程度，但是完全消除风险是不可能的。人们无法完全掌控外部环境的变化和因素，也无法完全控制内部因素的发展和影响。因此，项目管理者需要认识到风险的存在和本质，采取积极主动的风险管理策略，以应对不确定性带来的挑战。

风险的本质在于其对项目目标达成的潜在影响。风险可能导致项目成本增加、进度延误、质量降低甚至项目失败等不利后果。因此，项目管理者需要通过风险管理来识别、评估、规划和控制项目风险，以最大限度地降低不确定性对项目的影响，确保项目能够按计划顺利实施和达到预期目标。

（二）工程项目风险的形成

1. 不确定性因素

工程项目的风险管理是确保项目成功完成的重要组成部分。风险的形成和发展机理与各种不确定性因素密切相关，这些因素可能在项目的不同阶段产生影响。不确定性因素是指那些难以准确预测其发展和结果的因素，它们可能会对项目的进展和成果产生重大影响。主要的不确定性因素包括技术风险、市场风险、政策风险和财务风险。

技术风险是工程项目中最常见的不确定性因素之一。它涉及项目的技术可行性以及在实施过程中可能遇到的技术难题。例如，项目可能需要开发新的技术或采用新的工艺来实现预期的目标，这可能会导致技术上的挑战和不确定性。此外，技术风险还可能涉及供应链中的技术可靠性、设备故障率等方面的因素，这些都可能对项目进展造成影响。

市场风险是另一个重要的不确定性因素，它涉及市场需求、竞争格局等因素对项目的影响。市场需求的变化、竞争对手的行动以及消费者偏好的改变都可能对项目的成功产生重大影响。因此，对市场进行深入的分析和预测是必不可少的，以便及时调整项目策略以适应市场变化。

政策风险是指政府政策变化对项目的影响。政府的政策调整可能会对项目的法律环境、准入条件、补贴政策等方面产生影响，从而影响项目的成本和盈利能力。例如，环境保护政策的变化可能会增加项目的环保成本，而税收政策的变化可能会影响项目的财务状况。

财务风险涉及资金供给、资本成本等方面的不确定性。项目可能会面临资金短缺、资金成本上升等问题，这可能会导致项目延期或失败。此外，货币汇率的波动、利率的变化等因素也可能会对项目的财务状况产生影响。

有效管理不确定性因素对项目的成功至关重要。这包括对风险进行全面的识别、评估和应对。通过采取有效的风险管理策略，可以最大限度地减少不确定性因素对项目的负面影响，提高项目的成功完成率。

2. 信息不对称

信息不对称在工程项目中是一个极具挑战性的因素，它可能导致项目各方在评估风险和做出决策时面临困难和不确定性。信息不对称指的是项目各方在信息获取和掌握上存在差异，导致一方拥有更多的信息，而另一方则了解较少，从而影响了双方的决策和行为。

项目开发方通常会对项目的技术细节、市场前景、竞争格局等方面有较为详尽的了解，而投资方则可能仅仅了解项目的一部分信息，例如项目的概要和预期收益。这种信息不对称可能导致投资方无法全面评估项目的风险和回报，从而影响其决策。

在一个工程项目中，可能涉及多个参与者，包括开发商、投资者、承包商、监理单位等。不同参与者可能拥有不同层次的信息，有些参与者可能对项目的细节了解甚少，而另一些参与者可能掌握了更为全面的信息。这种信息不对称可能会影响各个参与者的决策和行为，从而影响项目的进展和结果。

信息不对称还可能导致道德风险和道德风险。在信息不对称的情况下，一方可能会利用其信息优势来获取不当利益，或者通过不公平手段来达到自己的利益目标，从而导致道德风险的出现。例如，项目开发方可能会隐瞒项目的某些重要信息，以获取更高的投资额或更有利的合同条款，这可能会对投资方或其他参与者造成损失。

（三）工程项目风险的特征

1. 不确定性

在工程项目中，不确定性是一种普遍存在的特征，对项目的各个方面都可能产生重大影响。不确定性的存在主要源于以下几个方面：

（1）技术不确定性

工程项目通常涉及复杂的技术和工艺，而这些技术和工艺可能并不完全成熟或稳定。因此，在项目实施过程中，技术方面的不确定性可能导致项目进展受阻或出现技术难题，从而影响项目的完成时间和成本。

（2）市场不确定性

市场因素对工程项目的影响至关重要。市场需求、价格波动、竞争态势等因素都可能发生变化，导致项目的市场环境发生不确定性。例如，市场需求突然下降或竞争对手的行动超出预期，都可能对项目的收入和利润产生不利影响。

（3）政策法规不确定性

政策和法规的变化可能直接影响到工程项目的实施和运营。政府政策的调整、法规的修改或新的环保要求等都可能导致项目的成本增加或项目计划发生变更，从而增加了项目的不确定性。

（4）资金供给不确定性

资金是工程项目实施的重要保障，但资金的供给可能受到多种因素的影响，包括金融市场的波动、贷款政策的调整等。资金供给的不确定性可能导致项目的资金缺口或资金成本上升，从而影响项目的进展和成本。

（5）自然环境因素不确定性

自然环境因素如天气、地质、气候等也可能对工程项目产生影响。例如，恶劣的天气条件可能导致施工延误或安全风险增加，地质条件的不确定性可能导致施工成本增加等。

2. 动态性

工程项目风险的动态性是指随着项目推进和环境变化，项目风险也在不断发展和变化的特点。这种动态性使得项目风险管理成为一个持续性的过程，需要不断地跟踪、评估和应对。以下是关于工程项目风险动态性的深入探讨：

（1）新的风险因素出现

在项目推进的过程中，可能会出现新的风险因素，这些因素可能是由于外部环境变化、技术进步、市场竞争等引起的。例如，新的法规出台、新的技术应用、新的市场趋势等都可能带来新的风险。因此，项目管理团队需要及时识别和评估这些新的风险因素，并制定相应的应对措施。

（2）原有风险的变化

随着项目的推进，原有的风险因素也可能发生变化。有些风险可能会随着时间的推移逐渐减少，例如在项目进展过程中，技术难题逐渐解决、市场需求逐渐增加等；而有些风险则可能会逐渐增加，例如在项目建设过程中，发现了新的地质问题、项目预算超支等。因此，项目管理团队需要定期对项目风险进行重新评估和调整。

（3）环境因素的变化

工程项目受到外部环境的影响，包括经济环境、政治环境、社会环境等。这些环境因素的变化可能会导致项目风险的动态变化。例如，经济衰退可能导致市场需求下降，政策法规的调整可能影响项目的法律风险等。因此，项目管理团队需要密切关注外部环境的变化，并及时调整项目风险管理策略。

（4）持续的风险监控和管理

鉴于工程项目风险的动态性，项目管理团队需要建立持续的风险监控和管理机制。这包括建立有效的风险识别机制，定期对项目风险进行评估和分析，制定相应的风险应对策略，并及时跟踪风险的变化和实施效果。只有通过持续的风险管理，项目管理团队才能有效地应对项目风险的动态变化，确保项目的顺利推进和目标的实现。

3.多样性

工程项目风险具有多样性，即来自不同领域和方面的多种风险因素共同影响项目的实施和结果。这些风险因素可能涉及技术、市场、政策、财务等各个方面，需要综合考虑和分析，以全面评估项目的风险水平。

二、工程项目投资决策中的风险分析

（一）风险识别

在投资决策过程中，风险识别是至关重要的一环。投资者需要对各种可能影响项目或投资的风险因素进行全面的分析和评估。通过对市场风险、技术风险、政策法规风险和竞争风险进行深入探讨，并提供相应的分层扩写，以帮助投资者更好地理解和应对这些风险。（架构图见图2-1）

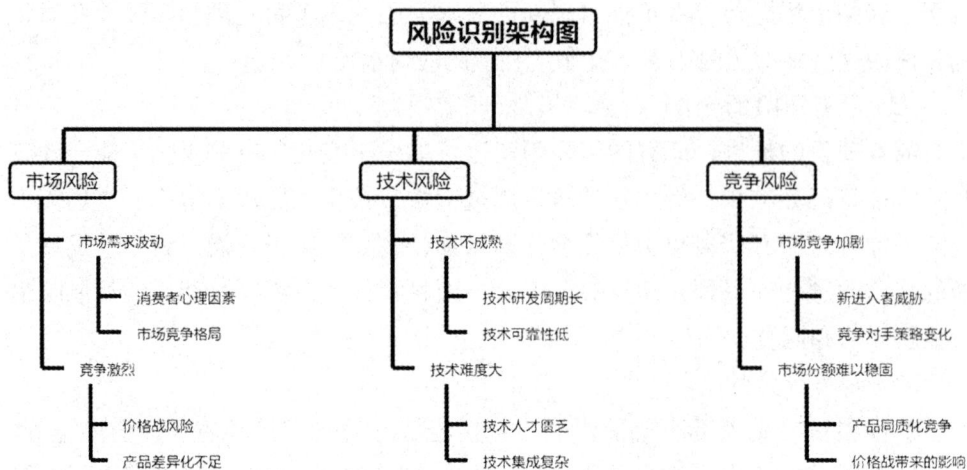

图 2-1　风险识别架构图

1. 市场风险

（1）市场需求波动

市场需求波动是市场风险的重要组成部分，其涉及消费者购买意愿的波动、市场规模的不确定性等因素。在市场需求波动的情况下，企业可能面临销售不稳定、库存积压等问题，从而影响到盈利能力。

①消费者心理因素

消费者心理因素是导致市场需求波动的重要原因之一。例如，经济不确定性增加、消费者信心下降等都可能导致消费者购买意愿的波动，进而影响市场需求的稳定性。

②市场竞争格局

市场竞争格局对市场需求波动的影响也不可忽视。当市场竞争激烈、竞争对手战略变化频繁时，可能导致市场需求的不稳定性增加，从而增加了市场风险。

（2）竞争激烈

市场竞争激烈是市场风险的另一重要方面。当市场竞争激烈时，企业可能面临价格战、市场份额争夺等问题，从而影响到企业的盈利能力和市场地位。

①价格战风险

价格战风险是竞争激烈情况下的常见问题。企业为了争夺市场份额，可能会采取降低产品价格的策略，从而导致利润率下降，甚至陷入亏损。

②产品差异化不足

产品差异化不足也是导致竞争激烈的重要原因之一。当市场上同类产品过多、差异化程度不高时，企业可能难以通过产品特色来吸引消费者，从而加剧了竞争的激烈程度。

2. 技术风险

（1）技术不成熟

技术不成熟是技术风险的一个主要方面。在项目涉及新技术或前沿技术时，技术不成熟可能导致项目的开发周期延长、成本增加等问题。

①技术研发周期长

新技术或前沿技术的研发周期往往较长，需要进行大量的试验和验证工作。在技术不成熟的情况下，项目可能需要投入更多的时间和资源才能取得预期的成果，增加了项目的开发风险。

②技术可靠性低

技术不成熟可能导致技术的可靠性较低，存在着未知的技术隐患。在项目实施过程中，技术可靠性低可能会导致项目进展受阻、产品质量不稳定等问题，增加了项目的运营风险。

（2）技术难度大

技术难度大是另一个导致技术风险的重要因素。在项目涉及复杂的技术或工艺时，技术难度大可能导致项目的实施周期延长、成本增加等问题。

①技术人才匮乏

技术难度大可能需要高水平的技术人才来支持项目的实施和运营。但是，技术人才匮乏可能会导致项目团队技术实力不足，从而影响到项目的进展和成果。

②技术集成复杂

技术难度大往往伴随着技术集成的复杂性。在项目实施过程中，技术集成复杂可能会增加项目的实施风险，例如存在着技术接口不兼容、系统集成困难等问题。

3. 竞争风险

（1）市场竞争加剧

市场竞争加剧是竞争风险的主要来源之一。随着市场的发展和行业的壮大，竞争对手数量增加、竞争格局变化等因素可能导致市场竞争的激烈化。

①新进入者威胁

随着市场的开放和行业的壮大，新进入者可能会带来新的竞争压力。新进入者可能通过价格竞争、产品创新等方式挑战行业老牌企业，加剧了市场竞争的激烈程度。

②竞争对手策略变化

竞争对手的策略变化也是竞争风险的重要方面。竞争对手可能会调整产品定位、市场营销策略等，从而影响到企业的市场地位和盈利能力。

（2）市场份额难以稳固

市场份额难以稳固是竞争风险的另一个重要方面。在竞争激烈的行业，企业可能难以保持稳定的市场份额，面临着被竞争对手挤压的风险。

①产品同质化竞争

如果行业产品同质化程度高，企业可能难以通过产品差异化来获取竞争优势，从而导致市场份额难以稳固。在这种情况下，企业需要通过其他手段如市场定位、品牌建设等来增强竞争力。

②价格战带来的影响

价格战可能导致企业盈利能力下降，进而影响到企业的市场地位。如果企业参与价格战，可能会牺牲利润来争夺市场份额，但这也可能对企业的财务状况造成负面影响。

（二）风险量化

在工程项目投资决策中，对风险进行量化是至关重要的一步。通过量化风险，投资者可以更好地理解和评估风险对项目的影响，从而制定相应的风险管理策略。通过介绍确定风险概率和评估可能损失金额这两个关键步骤，并提供相关的分层扩写，以帮助投资者更好地应对工程项目投资中的风险。（架构图见图2-2）

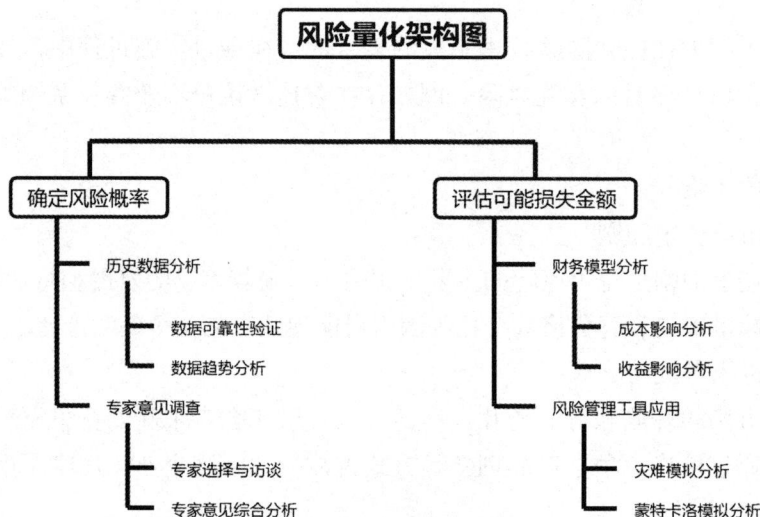

图 2-2　风险量架构图

1.确定风险概率

（1）历史数据分析

利用历史数据进行风险概率的评估是一种常见的方法。投资者可以收集和分析过去类似事件的发生频率，从而估计出风险事件发生的概率。这种方法基于过去的经验数据，能够提供一定程度上的参考和预测。

①数据可靠性验证

在利用历史数据进行风险概率评估时，需要对数据的可靠性进行验证。投资者应该确保所采集的历史数据与当前项目的情况具有一定的相似性，避免出现因数据不准确或不适用而导致的误差。

②数据趋势分析

除了简单地统计过去事件的发生频率，投资者还可以通过数据趋势分析来更好地理解风险事件的发展规律。通过识别和分析历史数据中的趋势，可以更准确地预测未来风险事件的可能性。

（2）专家意见调查

除了利用历史数据，投资者还可以通过专家意见调查来评估风险事件发生的概率。专家可能具有丰富的行业经验和专业知识，能够提供宝贵的意见和建议。

①专家选择与访谈

在进行专家意见调查时，投资者应该选择具有相关领域经验和专业知识的专家进行访谈。通过与专家的交流和讨论，可以更全面地了解风险事件可能发生的情况，并获得专业的建议和意见。

②专家意见综合分析

收集完专家意见后，投资者需要对不同专家的意见进行综合分析和整合。考虑到专家意见可能存在差异性，投资者应该通过适当的权衡和综合，得出相对客观和可靠的风险概率评估结果。

2.评估可能损失金额

（1）财务模型分析

利用财务模型进行可能损失金额的评估是一种常用的方法。投资者可以通过建立相应的财务模型，模拟不同风险事件对项目的影响，从而评估可能导致的损失金额。

①成本影响分析

财务模型可以帮助投资者分析不同风险事件对项目成本的影响。通过模拟风险事件发生后的成本变化情况，投资者可以评估出可能导致的损失金额，并制定相应的应对策略。

②收益影响分析

除了成本影响分析，财务模型还可以用于评估风险事件对项目收益的影响。投资者可以通过模拟不同风险事件发生后的收益变化情况，进一步评估可能导致的损失金额，并制定相应的风险管理策略。

（2）风险管理工具应用

除了财务模型，投资者还可以借助各种风险管理工具进行可能损失金额的评估。这包括灾难模拟、蒙特卡洛模拟等方法，可以帮助投资者更全面地评估风险事件的可能影响。

①灾难模拟分析

灾难模拟分析是一种通过模拟不同灾难性事件对项目的影响，评估可能损失金额的方法。投资者可以根据项目所处的行业和地理位置，模拟不同类型的灾难事件对项目的影响，并估算可能导致的损失金额。

②蒙特卡洛模拟分析

蒙特卡罗模拟分析是一种通过随机抽样和模拟技术，评估可能损失金额的方法。投资者可以利用蒙特卡洛模拟分析，模拟不同风险事件的发生概率和可能的损失金额，从而得出较为准确的风险评估结果。

三、工程项目投资决策中的风险评估

在工程项目投机决策中，风险评估是一个至关重要的步骤。对潜在风险进行全面的评估有助于项目团队更好地理解项目所面临的挑战，并采取相应的措施来降低风险，提高项目成功的可能性。以下是工程项目投资决策中风险评估的几个关键方面（见图2-3）。

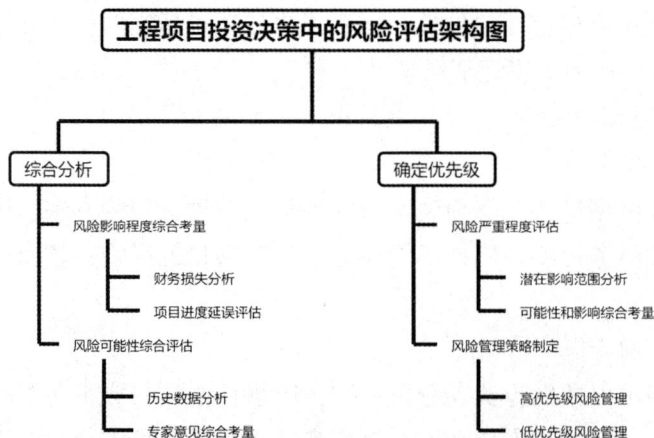

图2-3　工程项目投资决策中的风险评估架构图

（一）综合分析

1. 风险影响程度综合考量

在进行风险评估时，需要综合考虑各种风险因素的影响程度。这包括对风险事件可能带来的财务损失、项目进度延误、资源浪费等方面进行综合分析。通过综合考量，可以更好地理解不同风险对项目的影响程度，为后续的风险管理提供参考依据。

（1）财务损失分析

针对不同风险事件可能造成的财务损失，进行综合分析和评估。这包括对可能的资金损失、投资回报下降等方面进行综合考量，以确定其对项目的财务影响程度。

（2）项目进度延误评估

考虑风险事件对项目进度可能造成的影响，进行综合评估。这包括对项目完成时间的延迟、进度推迟可能带来的额外成本等方面进行综合分析，以确定其对项目的进度影响程度。

2. 风险可能性综合评估

除了影响程度，还需要综合评估风险事件发生的可能性。这包括对不同风险事件发生概率的估计和分析，以确定其发生的可能性大小。通过综合评估风险可能性，可以更准确地把握项目风险的全貌，为风险管理提供指导。

（1）历史数据分析

利用历史数据对风险可能性进行综合评估。通过分析过去类似事件的发生频率和概率，对当前风险事件发生的可能性进行估计和分析，从而确定其可能性大小。

（2）专家意见综合考量

综合各方专家的意见对风险可能性进行评估。通过专家访谈、专家调查等方式，获取专家意见，综合考量不同专家意见的一致性和权威性，确定风险事件发生的可能性。

（二）确定优先级

1. 风险严重程度评估

根据风险的严重程度确定其优先级。这包括对不同风险事件可能带来的影响程度进行评估，从而确定哪些风险是最为严重和需要优先关注的。

（1）潜在影响范围分析

评估不同风险事件可能造成的影响范围，确定其对项目的整体影响程度。

这包括对风险事件可能影响的项目范围、相关利益方、外部环境等方面进行综合分析，从而确定其严重程度。

（2）可能性和影响综合考量

综合考虑风险可能性和影响程度，确定其优先级。对于可能性较高且影响程度较大的风险事件，应优先考虑采取相应的风险管理措施，以最大限度地降低其对项目的不利影响。

2. 风险管理策略制定

根据风险的优先级制定相应的风险管理策略。针对不同优先级的风险事件，制定相应的应对措施和应急预案，以最大限度地降低其对项目的风险影响。

（1）高优先级风险管理

对于优先级较高的风险事件，应采取更为积极和有效的风险管理措施。这包括加强监测和预警机制、制定详细的应急预案、增加项目资源投入等方式，以最大限度地降低其对项目的不利影响。

（2）低优先级风险管理

对于优先级较低的风险事件，可以采取相对较为灵活和轻量级的风险管理措施。这包括建立相应的监测机制、加强信息沟通和协作、及时调整项目计划等方式，以应对可能发生的风险事件，确保项目顺利进行。

第三节　投资评价指标及其应用

一、常用的投资评价指标介绍

（一）方法介绍

采用文献扎根法对目前工程项目投资决策评价指标与方法的相关研究文献进行归纳总结分析。在国内文献方面，选择中国知网 CNKI 作为数据来源，并针对期刊来源类型选择了 CSSCI、CSCD 和核心期刊。检索的主题关键词涵盖了"工程项目""决策评价指标""决策方法""决策模型""水电工程项目"和"建设项目"，以此为检索式进行文献检索，共检索到 104 篇文献。在国外文献方面，选择 Web of Science（WoS）数据库，并以 TS=（"Evaluation index of engineering project investment decision" OR "Investment decision method of engineering project" OR "Investment decision model of engineering project"）为检索式进行检索，选择 SCI 和 SSCI 引文索引库，共检索到 179 篇文献。然而，检索到的文献并不一定都是对投资决策进行指标体系构建或者决策方法针对投资决策环节的研究，因此需要进一步筛选。经过筛选后，得到163篇文献作为原始数据，用于进行扎根理论研究。

文献扎根法是一种定性研究方法，通过对文献中的观点、理论、方法等进行归纳、整理和分析，从而构建出理论框架或模型。在本书中，通过对163篇文献的深入研究，可以探讨工程项目投资决策评价指标与方法的相关研究现状、热点问题和发展趋势。这不仅有助于理清目前研究的主要内容和特点，还能够为未来的研究提供重要的参考和借鉴。

通过文献扎根法的应用，可以深入挖掘已有研究中的隐含信息和关联关系，发现其中的共性和规律性。这有助于建立起一个更加完整和系统的工程项目投资决策评价指标体系，为决策者提供科学、合理的决策依据。同时，还可以探讨不同决策方法的优劣势，并在实践中加以验证和应用。

（二）开放编码

开放编码是对原始文献进行首次归纳整理的过程，旨在对研究主题进行逐句初步概念化或者标签化，以揭示其中的内在逻辑关系和关键概念。在进行开放编码时，需要剔除无效样本和无效字句，选取有效的字句和样本进行分析。

开放编码的过程包括对文献中的每个关键字句进行提取和归纳，然后将这些关键字句组织成相关的概念或者标签。通过这一过程，可以深入理解文献中的内容，并发现其中的重要概念和关系。

在进行开放编码和范畴化处理时，需要注意确保提取的关键字句和概念具有代表性和一致性，并且能够覆盖文献中的主要内容。通过对原始文献的仔细分析和归纳整理，可以发现其中的共性和规律性，为后续的研究提供重要的理论支持和实践指导。最终得到的20个范畴将有助于深入探讨工程项目投资决策的相关问题，并为相关领域的研究提供新的视角和思路。

（三）主轴编码

主轴编码是对开放编码得到的范畴之间的关系进行深入分析和总结的过程，旨在提炼和归纳出这些范畴之间的内在关系，从而进一步对其进行编码。通过对上述20个范畴进行主轴编码，最终得到了9个主要范畴，见表2-1。

表2-1　主轴编码

主范畴	范畴
静态经济指标	静态投资回收期、总投资收益率
动态经济指标	净现值、内部收益率、等额年费用
自然环境	地理位置、地形地貌、气候条件

续表

主范畴	范畴
社会环境	政局状况、文化习俗、人口及其素质
国家级风险	自然风险、经济风险
市场级风险	市场风险
项目级风险	管理风险、技术风险
政策机会	政策倾斜、政策支持
市场机会	市场需求、相关产业发展

在进行主轴编码时，需要综合考虑各个范畴之间的相互关系和内在联系，以确定它们在研究主题中的重要性和作用。这一过程不仅需要对范畴进行归纳和整理，还需要对它们之间的关系进行深入分析和解读，以揭示出主题的核心内容和关键特征。

通过主轴编码，可以进一步深化对研究主题的理解，并为后续的研究提供重要的理论支持和指导。这有助于揭示出研究领域的主要问题和热点，为学术界和实践界提供新的思路和方法。

（四）选择编码

选择编码是在主轴编码的基础上，对主范畴进行提炼，得到核心范畴，并形成工程项目投资决策理论评价模型和指标评价体系。提炼出的核心范畴为：经济因素、环境因素、风险因素、机会因素，具体见下页表2-2。

表2-2　工程项目投资决策评价指标体系

核心范畴	主范畴
经济因素	静态经济指标、动态经济指标
环境因素	自然环境、社会环境
风险因素	国家级风险、市场级风险、项目级风险
机会因素	政策机会、市场机会

在工程项目投资决策中，经济因素是一个至关重要的考量因素。这包括投资成本、预期收益、资金来源、投资回报率等方面。经济因素的评估可以帮助决策者全面了解项目的经济效益，为决策提供理论依据。

环境因素是指项目所处的外部环境条件，包括政策法规、市场需求、竞争格局等方面。环境因素的评估能够帮助决策者更好地把握项目所面临的外部环境，从而制定相应的决策策略。

风险因素是指可能影响项目实施和成功的各种不确定性因素，包括市场风险、技术风险、政策法规风险等。风险因素的评估能够帮助决策者识别和评估潜在风险，从而采取相应的风险管理措施。

机会因素是指项目实施过程中可能出现的有利条件或者机会，包括市场机遇、技术突破、政策支持等方面。机会因素的评估能够帮助决策者更好地把握项目的发展机遇，从而实现项目的长期可持续发展。

通过扎根理论的建设，最终的工程项目投资决策评价指标体系包括经济、环境、风险、机会4个评价维度，静态经济指标、动态经济指标、自然环境、社会环境、国家级风险、市场级风险、项目级风险、政策机会、市场机会9个一级指标，静态投资回收期、净现值、地理位置、政局状况、自然风险、市场风险、政策倾斜、市场需求等20个二级指标，具体的评价指标体系如图2-4所示。

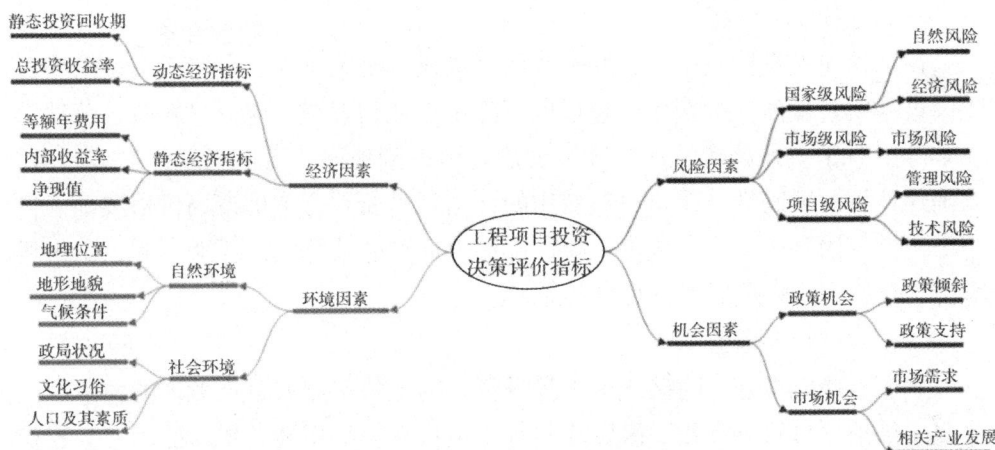

图2-4　工程项目投资决策评价指标体系

二、指标在工程项目投资决策中的具体应用

（一）经济指标的应用

经济指标在工程项目投资决策中具有重要作用，主要用于评估项目的经济效益和财务可行性。在实际应用中，经济指标常常涉及投资成本、预期收益、资金回报率等方面。（架构图见图2-5）

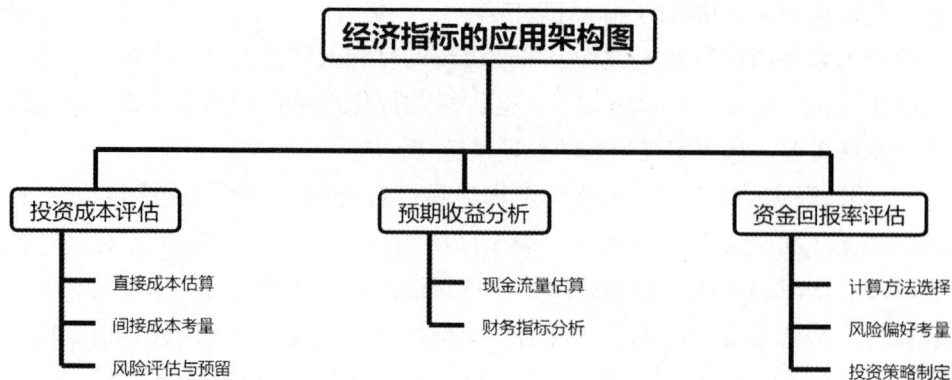

图2-5 经济指标的应用架构图

1.投资成本评估

（1）直接成本估算

在工程项目投资决策中，准确评估直接成本至关重要。直接成本是指项目建设过程中直接涉及的费用，包括但不限于土地购置费、建筑材料费、劳动力成本等。对于土地购置费用，决策者需要考虑到地段、土地规划用途等因素，以确保估算的准确性。建筑材料费用的评估则需要综合考虑市场价格波动、供应稳定性等因素，以避免成本风险。劳动力成本的估算则需要考虑到人工市场行情、劳动力技能水平等方面的因素。

（2）间接成本考量

除了直接成本外，间接成本也是投资成本评估中需要重点考虑的因素。间接成本包括项目管理费用、融资成本等。项目管理费用涉及项目监理、工程设计等方面的费用，需要根据项目规模和复杂程度进行合理估算。融资成本是指项目资金筹措所带来的成本，包括利息支出等。决策者需要综合考虑融资渠道、利率水平等因素，以确定融资成本的合理范围。

（3）风险评估与预留

在投资成本评估过程中，风险评估和预留是必不可少的环节。决策者需要对项目建设过程中可能面临的各种风险进行充分的评估，包括但不限于原材料价格波动、人力成本变化、政策法规变化等因素。通过对风险的合理预测和预留，可以降低项目建设过程中的不确定性，确保投资成本的准确性和全面性。

2.预期收益分析

（1）现金流量估算

预期收益分析的核心在于对项目未来现金流量的合理估算。现金流量包括项目建设期和运营期内的现金收入和现金支出。决策者需要通过对市场需求、竞争情况等因素的分析，对项目未来现金流量进行合理预测。同时，还需要考虑到通货膨胀、税收政策、市场变化等因素对现金流量的影响，以确保预期收益分析的准确性和可靠性。

（2）财务指标分析

在进行预期收益分析时，除了考虑现金流量外，还需要综合考虑各种财务指标。这些指标包括净现值（NPV）、内部收益率（IRR）、投资回收期（Payback Period）等。净现值是评估项目盈利能力的重要指标，可以帮助决策者判断项目是否值得投资。内部收益率则反映了项目投资的回报率，决策者可以通过比较不同项目的内部收益率来选择最具吸引力的投资项目。投资回收期则是评估项目投资回收速度的指标，可以帮助决策者确定投资回报的时间窗口。

3. 资金回报率评估

（1）计算方法选择

资金回报率是评估项目投资效果的重要指标之一。在进行资金回报率评估时，决策者需要选择合适的计算方法。常用的计算方法包括简单收益率法、动态投资回报率法等。简单收益率法适用于投资周期较短的项目，计算简单直观；而动态投资回报率法则适用于投资周期较长的项目，考虑了资金回收的时间价值。

（2）风险偏好考量

在评估资金回报率时，决策者还需要考虑到自身的风险偏好。不同的投资者对于风险的接受程度不同，因此在选择投资项目时，需要综合考虑项目的资金回报率和风险水平，以确保投资决策的合理性和可行性。

（3）投资策略制定

通过对资金回报率的评估，决策者可以了解项目的投资回报情况，从而制定相应的投资策略和决策方案。对于资金回报率较高的项目，可以采取加大投资力度、扩大项目规模等方式来提高收益水平；对于资金回报率较低的项目，则可以考虑调整投资策略、优化资源配置等方式来降低风险，提升投资回报。

（二）风险评估指标的应用

风险评估指标在工程项目投资决策中起着至关重要的作用，帮助决策者识别和评估项目所面临的各种风险，采取相应的风险管理措施，保障项目的顺利实施和成功完成。在实际应用中，风险评估指标主要涉及市场风险、技术风险、政策法规风险等方面（架构图见图 2-6）。

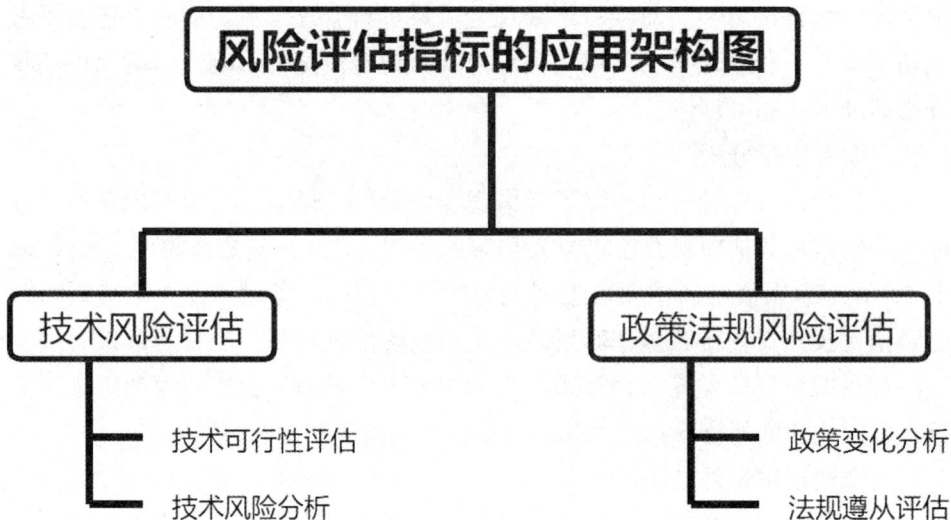

图 2-6 风险评估指标的应用架构图

1. 市场风险评估

（1）市场需求分析

市场需求是决定项目盈利能力的重要因素之一。在进行市场风险评估时，决策者需要进行市场需求分析，包括市场规模、增长趋势、消费者需求结构等方面的研究。通过对市场需求的深入了解，可以评估项目在市场中的竞争优势和风险程度，为决策者制定市场策略提供重要参考。

（2）竞争格局评估

竞争格局是市场风险评估的关键内容之一。决策者需要对竞争对手的实力、产品差异化程度、市场份额等因素进行评估，了解市场竞争的激烈程度和竞争对手的战略动向。通过竞争格局评估，可以识别出项目所面临的竞争风险，并采取相应的竞争策略和应对措施，保障项目的市场地位和盈利能力。

2. 技术风险评估

（1）技术可行性评估

技术可行性评估是评估项目技术风险的关键环节之一。决策者需要对项目涉及的关键技术进行全面评估，包括技术成熟度、技术难度、技术实施周期等方面的考量。通过技术可行性评估，可以确定项目所面临的技术挑战和风险，为决策者制定技术管理措施提供科学依据。

（2）技术风险分析

技术风险分析是识别和评估项目技术风险的重要方法之一。决策者可以通过技术专家评审、仿真模拟实验等手段，对项目的关键技术节点和关键技术参数进行分析，识别潜在的技术风险点。通过技术风险分析，可以帮助决策者全面了解项目的技术风险状况，采取相应的技术管理措施，降低技术风险对项目的影响。

3. 政策法规风险评估

（1）政策变化分析

政策变化是评估项目政策法规风险的关键因素之一。决策者需要密切关注相关政府政策和法规的变化，分析其对项目的影响。例如，环境保护政策的调整、产业政策的变化等都可能对项目的实施产生重大影响。通过政策变化分析，可以及时识别项目面临的政策风险，制定相应的风险管理策略。

（2）法规遵从评估

法规遵从评估是评估项目政策法规风险的重要内容之一。决策者需要对项目涉及的相关法规进行全面评估，确保项目在法规遵从方面符合法律法规的要求。通过法规遵从评估，可以降低项目面临的法规风险，保障项目的顺利实施和合法运营。

第三章　工程项目投资决策过程与方法

第一节　项目可行性研究与评估

一、可行性研究的定义与目的

可行性研究是在工程项目实施之前进行的一项重要工作，旨在全面、科学地评估项目的可行性，以确定项目是否值得进一步实施或投资。这一过程涉及对项目所涉及的各个方面进行系统、全面地研究和评估，以便为决策者提供可靠的依据和指导。

（一）可行性研究的定义

可行性研究是工程项目启动前进行的一项系统性研究，其目的在于评估项目的可行性和可行性，以确定项目的实施或投资是否具有经济和技术上的可行性。这一过程涵盖了对项目所涉及的各个方面进行深入分析和评估，包括市场、技术、经济、法律、环境等方面。通过可行性研究，项目决策者可以获得可靠的依据和指导，以确保项目的顺利实施和取得预期的效果。

在可行性研究中，项目团队通常会进行项目前期调研，收集和整理相关信息，了解项目的背景和现状。此外，还会进行方案比选，对不同方案进行评估和比较，以确定最佳的实施方案。同时，也会对项目可能面临的风险进行评估，制定相应的应对策略，以减少项目实施过程中的不确定性和风险。

市场方面的可行性评估主要包括对市场需求和前景的调研和分析，以确定项目是否符合市场需求，并预测项目的市场表现。技术方面的可行性评估则涉及对项目所涉及的关键技术的成熟度和可行性进行评估，确定项目的技术实施方案和技术风险。经济方面的可行性评估主要包括对项目的投资成本、收入和支出进行分析，确定项目的经济效益和投资回报。此外，还需要评估项目是否符合相关法律法规和政策要求，以及项目对环境的影响是否可控。

（二）可行性研究的目的

可行性研究的目的在于全面评估项目的可行性，为决策者提供科学依据，以确定是否继续推进项目或投资。具体来说，可行性研究的目的包括：

1. 评估市场需求和前景

评估市场需求和前景是工程项目可行性研究中至关重要的一环。市场需求和前景的分析为决策者提供了关于项目在市场中的定位和发展前景的重要信息。这一过程不仅涉及对市场的静态情况进行调查，还需要深入了解市场的动态变化，以便更准确地预测项目的市场表现和潜在风险。

（1）评估市场需求

通过对市场的调研和分析，可以了解市场对特定产品或服务的需求情况。这包括分析市场规模、增长趋势、需求结构等方面的数据，以确定项目是否满足市场需求，并预测项目的市场潜力和发展前景。例如，如果市场规模庞大且呈增长趋势，且项目所提供的产品或服务符合市场需求，则项目在市场中的可行性就会更高。

（2）评估市场前景

这包括分析竞争格局、市场份额、市场增长率等因素，以确定项目的市场定位和竞争优势。通过对竞争对手的分析，可以了解他们的优势和劣势，从而制定相应的竞争策略，提高项目在市场中的竞争力。

2. 确定技术可行性

确定技术可行性是工程项目可行性研究中至关重要的一环。在项目实施之前，必须对项目所涉及的关键技术进行全面评估，以确保项目的技术方案具备可行性和可靠性，从而降低技术风险并提高项目的成功实施率。

（1）评估技术方案的可行性

这包括对所采用技术方案的成熟度和适用性进行全面分析。关键技术应当经过充分验证和测试，确保其在项目实施过程中能够达到预期的效果。如果所采用的技术方案在实践中已经被证明可行，且具备相应的应用案例和技术支持，则项目的技术可行性就更为可靠。

（2）评估技术难度

对于涉及高技术含量或新技术的项目，必须对技术难度进行全面评估。这包括对技术的复杂性、可操作性和实施难度等进行分析，以确定项目是否具备足够的技术支持和实施能力。如果项目涉及的技术难度较高，可能需要采取额外的技术措施或寻求专业技术支持，以确保项目的顺利实施。

（3）评估技术创新性

在现代工程项目中，技术创新往往是项目成功的关键因素之一。因此，评估项目所涉及的技术方案是否具备创新性和领先性是至关重要的。如果项目采用了具有技术突破性的创新技术，可能会为项目带来更高的市场竞争力和经济效益。

3.分析经济效益和投资回报

分析经济效益和投资回报是评估工程项目可行性的关键步骤，它涉及对项目的财务状况和投资回报进行全面的评估和分析。通过综合考虑项目的投资成本、预期收入、运营支出以及资金回收情况，可行性研究可以为投资者提供有关项目经济效益和投资回报的准确评估，为投资决策提供科学依据。

（1）项目的投资成本

投资成本包括项目的建设成本、设备采购费用、人力资源成本等。通过对这些成本进行详细的估算和分析，可以确定项目的总投资额，并为后续的经济效益评估提供基础数据。

（2）评估项目的预期收入

预期收入是指项目在运营期间所能够实现的收入，通常通过市场需求分析和收入预测来确定。这包括项目的销售收入、服务费用、租金收入等各种收入来源，通过合理的预测方法和模型，可以对项目的收入情况进行较为准确地估算。

（3）运营支出

运营支出包括项目的日常运营成本、维护费用、管理费用等。通过对这些支出进行详细的估算和分析，可以确定项目的运营成本，并评估项目的经济盈利能力和盈利水平。

（4）投资回报

投资回报通常通过财务指标如净现值（NPV）、内部收益率（IRR）、投资回收期（Payback Period）等来进行评估。这些指标能够综合考虑项目的投资成本、预期收入和支出，从而评估项目的经济效益和投资回报情况。

4.评估法律、政策和环境影响

评估法律、政策和环境影响是可行性研究中至关重要的一环，它涉及项目在法律、政策和环境方面的合规性和可持续性，对于项目的顺利实施和长期运营具有重要影响。下面将对这三个方面进行详细地分析和评估。

首先，评估项目的法律风险是至关重要的。这包括对项目所在地的相关法律法规进行全面了解和分析，以确保项目在法律层面上的合规性。例如，项目在建设过程中可能涉及土地使用权、建设许可等法律事项，需要进行详细的法律调研和风险评估，以避免因法律问题导致项目进展受阻或面临诉讼风险。

其次，评估项目的政策风险也是不可忽视的。政策因素包括国家政策、行业政策、地方政策等，对项目的影响可能涉及投资优惠、行业准入门槛、税收政策等方面。项目可能会受到政策变化的影响，因此需要对政策变化的可能性和对项目的影响进行充分评估和预测，以制定相应的风险应对策略。

最后，评估项目的环境影响是保障可持续发展的重要环节。项目的建设和运营可能会对周围环境产生影响，包括土地利用、水资源、大气环境等方面。因此，需要对项目的环境影响进行全面评估和监测，确保项目的环境保护措施得到有效实施，减少对周围环境的负面影响，保障生态环境的可持续发展。

5. 识别和评估项目风险

识别和评估项目风险是可行性研究中至关重要的一步，它涉及对项目可能面临的各种不确定性因素进行全面分析和评估，以确定风险的概率和影响程度，从而为项目的风险管理提供依据。在进行风险识别和评估时，需要综合考虑项目所涉及的各个方面，包括市场、技术、政策、经济、环境等因素。

市场因素的不确定性可能导致项目需求的波动，市场份额的变化，竞争格局的调整等情况。在风险识别中，需要对市场规模、增长趋势、竞争格局等进行分析，评估市场风险对项目的影响程度。

技术因素的不确定性可能导致项目技术难度较大，实施方案不可行等问题。在进行技术风险评估时，需要对关键技术的成熟度、稳定性以及可能存在的技术难点进行全面分析，评估技术风险对项目的影响。

政策的不确定性可能导致项目受到政策调整的影响，进而影响项目的实施和收益。在风险识别和评估中，需要对相关政策的稳定性、变化趋势以及可能对项目产生的影响进行深入分析。

二、评估方法与步骤的详细介绍

（一）市场可行性评估

市场可行性评估是可行性研究中的重要环节，旨在评估项目所处市场的需求、竞争、前景等方面，以确定项目在市场上的可行性和潜在表现。市场可行性评估通常通过市场调研、竞争分析和市场需求预测等方法来完成。架构图见图 3-1。

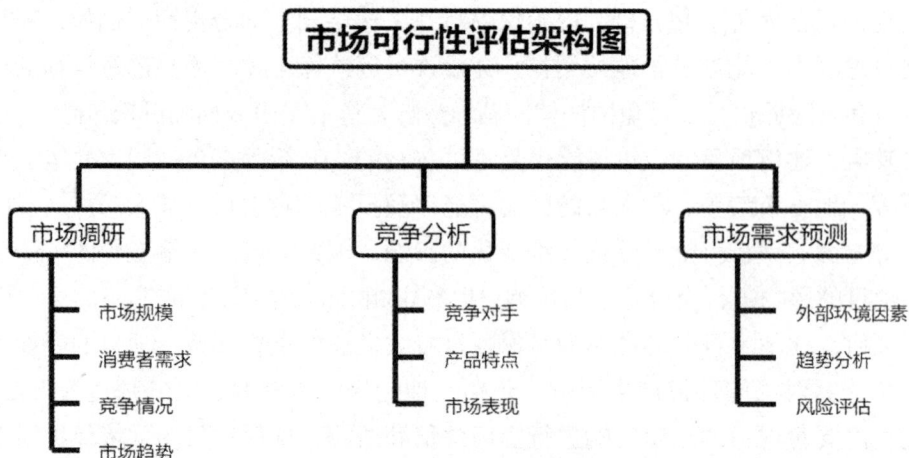

图 3-1 市场可行性评估架构图

1. 市场调研

市场调研是评估市场可行性的基础步骤之一，它通过系统收集和分析市场数据，以全面了解目标市场的规模、增长趋势、消费者需求等情况。市场调研可以采用多种方法，包括问卷调查、访谈、文献研究等，以获取各种来源的市场信息。通过市场调研，我们可以深入了解市场的特点和动态，为后续的评估提供可靠的数据支持和参考依据。

在进行市场调研时，需要关注以下几个方面：

（1）市场规模

了解市场的整体规模和增长趋势，包括市场的容量、增长率等信息，以确定市场的潜在吸引力和发展空间。

（2）消费者需求

调查并分析消费者对产品或服务的需求和偏好，包括消费行为、购买习惯、价格敏感度等，以确定产品或服务在市场上的受欢迎程度和市场定位。

（3）竞争情况

了解市场上的主要竞争对手，包括其市场份额、产品特点、定价策略等，以评估市场的竞争格局和项目的竞争优势。

（4）市场趋势

分析市场的发展趋势和变化，包括技术发展、消费趋势、政策法规等方面，以预测市场的未来走向和项目的发展前景。

2. 竞争分析

竞争分析是评估市场可行性的重要环节之一，它通过对市场上的竞争对手进行分析，了解其实力、策略和市场表现，从而评估市场的竞争格局和项目的竞争优势。竞争分析可以从以下几个方面展开：

（1）竞争对手

确定市场上的主要竞争对手，包括其数量、规模、市场份额等信息，以了解市场的竞争格局和竞争对手的实力。

（2）产品特点

分析竞争对手的产品特点和优势，包括产品质量、价格、品牌形象等方面，以评估项目在市场上的差异化优势和竞争策略。

（2）定价策略

了解竞争对手的定价策略和市场定位，包括价格水平、促销活动等，以确定项目的定价策略和市场定位。

（3）市场表现

评估竞争对手的市场表现和发展趋势，包括销售额、市场份额、增长率等，以预测市场的发展趋势和项目的市场机会。

3. 市场需求预测

市场需求预测是工程项目评估中不可或缺的一环，它能够帮助项目方快速了解潜在市场规模、发展趋势以及竞争格局，为项目的投资决策提供重要的参考依据。通过对市场调研结果和趋势进行分析，可以预测项目在市场上的表现和潜在收益，对于企业和投资者而言，具有重要的战略意义。

市场需求预测的过程包括多个关键步骤。首先，需要进行市场调研，以了解目标市场的特点、消费者需求和竞争情况。这可以通过定性和定量研究方法来实现，如面对面访谈、问卷调查、座谈会等。通过收集和分析大量相关数据，可以建立起对市场的全面了解，并描绘出市场的基本特征。

其次，需要进行趋势分析，以预测市场的发展趋势和行业变化。趋势分析可以基于历史数据和当前的市场环境，通过分析市场的增长率、竞争格局、技术进步等因素，推测未来的市场走势。这种分析方法可以帮助项目方把握市场的发展动向，从而做出更准确的预测。

在进行市场需求预测时，还需要考虑到外部环境的因素，如经济状况、政策法规、社会文化等。这些因素对市场需求的影响是复杂而多样的，必须进行全面分析和综合考虑。例如，经济的发展程度和政策的支持将直接影响市场的规模和潜在收益，而社会文化的变迁则会改变消费者的偏好和需求结构。

最后，在市场需求预测的过程中，风险评估是一个重要环节。项目方需要评估可能存在的风险和不确定性因素，如市场竞争加剧、技术变革、市场需求逆转等。通过对这些风险因素进行合理的预测和评估，可以制定相应的应对策略，增加项目的成功率和盈利空间。

（二）技术可行性评估

技术可行性评估是评估项目所涉及的关键技术方案的可行性和稳定性，以确定项目的技术实施方案和评估技术风险。技术可行性评估通常通过技术分析、技术论证和技术方案比较等方法来完成。技术可行性评估架构图见 3-2。

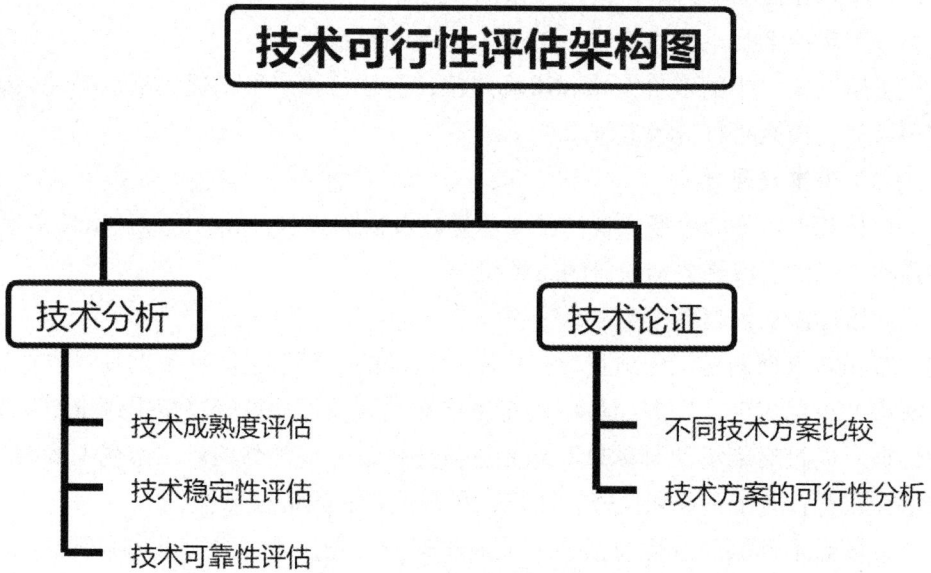

图 3-2　技术可行性评估架构图

1. 技术分析

（1）技术成熟度评估

在进行技术可行性评估时，首要任务是对项目涉及的关键技术的成熟度进行评估。通过对技术的发展历程、商业应用情况以及相关研究文献的分析，可以揭示技术成熟度的现状和趋势。同时，需要考虑技术在实际工程项目中的应用情况，包括成功案例和存在的问题，以便全面地评估技术的可靠性。

（2）技术稳定性评估

除了成熟度外，技术的稳定性也是评估技术可行性不可或缺的一个方面。通过对技术方案的稳定性进行评估，可以预测技术在不同环境下的表现，减少潜在的技术风险。这需要考虑到技术的适应性、可维护性以及未来发展空间，以确保项目在长期运行中不会受到技术因素的制约。

（3）技术可靠性评估

除了成熟度和稳定性外，技术的可靠性也是技术可行性评估的重要指标之一。通过对技术的可靠性进行评估，可以确定技术方案在实际运行中的可靠程度和安全性水平。这包括对技术系统的故障率、可恢复性以及应急处理措施的评估，以应对可能的技术故障和风险，确保项目的顺利实施和运行。

2. 技术论证

（1）不同技术方案比较

技术论证是确定最佳技术方案的关键步骤。通过比较不同技术方案的优缺点，可以找出最适合项目需求的技术方案。在比较过程中，需要考虑到技术的成本、性能、可维护性等方面，以确保选择的技术方案能够最大限度地满足项目的需求，并具有可持续性和发展空间。

（2）技术方案的可行性分析

除了技术方案的比较，还需要对最终选定的技术方案进行可行性分析。这包括对技术实施的可操作性、资源需求、时间周期以及可能的风险和挑战进行全面评估。通过对技术方案的可行性分析，可以为项目的技术实施提供科学依据和战略指导，确保项目从技术上的可行性和稳定性。

（三）经济可行性评估

经济可行性评估是评估项目的投资成本、收入和支出等方面进行经济分析，以评估项目的盈利能力和投资回报。经济可行性评估通常通过财务分析、投资评价等方法来完成。

1. 财务分析

财务分析在工程项目评估中扮演着至关重要的角色，是评估经济可行性的基础步骤。通过对项目的投资成本、预期收入、支出情况等经济指标进行综合分析，可以全面评估项目的财务状况和盈利能力，为项目的决策提供可靠数据支持。

在进行财务分析时，首先需要对项目的投资成本进行评估。这包括项目启动阶段的资金投入，以及日常运营中可能涉及的各类费用，如设备采购、人员成本、运营费用等。通过详细的成本估算和预算编制，可以量化项目的资金需求，为后续的财务规划和决策提供依据。

其次，对于项目的预期收入进行合理预测是财务分析的关键环节之一。通过市场调研和市场需求预测，可以确定项目的销售额、服务费用等收入来源，并结合定价策略和销售计划，对未来的收入情况进行推算。同时，需要考虑到市场竞争状况和潜在的变化因素，以制定灵活应变的收入预测方案。

在财务分析的过程中，支出情况的评估同样至关重要。除了直接成本外，需要考虑到间接费用、管理费用、税费等多个方面的支出。通过对支出的分类和核算，可以建立起全面的支出预算体系，帮助项目方合理控制成本，提高盈利能力。

最后，财务分析也需要关注项目的现金流状况和盈利能力。通过现金流量分析和盈利能力指标的计算，可以评估项目的经济效益、投资回报率以及偿债能力等财务指标，为投资者和决策者提供有益参考。同时，对风险因素的分析和应对策略的制定也是财务分析中不可或缺的一部分，以确保项目的稳健发展和可持续盈利。综合以上所述，财务分析是项目经济可行性评估的核心内容之一，其结果直接影响着项目的可行性和成功实施。

2. 投资评价

投资评价在项目评估中扮演着至关重要的角色，是决策者进行投资决策和风险管理的关键环节。通过对项目未来现金流量的预测和财务指标的计算，投资评价旨在量化投资项目所带来的经济效益和投资回报率，为企业和投资者提供客观、科学的评估结果和决策支持。

在进行投资评价时，常用的财务指标包括净现值（NPV）、内部收益率（IRR）、投资回收期（PBP）、投资收益率（ROI）等。净现值是将项目未来现金流与投资成本折现后相减的结果，正值表示项目具有经济回报且值得投资；内部收益率是使项目净现值等于零时的贴现率，反映了项目的收益率水平；投资回收期则表示项目从投资到全部投资回收并开始盈利所需时间；而投资收益率则是描述项目盈利能力的一个指标，反映了单位投资所能获得的收益水平。

除了这些传统的财务指标外，投资评价还可以考虑风险因素和不确定性因素。风险评价旨在识别项目实施过程中可能出现的各类风险，并制定相应的风险管理措施，以降低投资者的风险暴露。同时，在不确定性因素较大的情况下，采用灵活性分析和敏感性分析，可以更全面地评估项目的可行性和稳健性。

社会影响评价也逐渐受到重视。随着社会责任投资理念的兴起，越来越多的投资者和企业开始考虑项目在环境、社会和治理方面的影响，这也成为评估投资项目的必要内容之一。通过综合考虑项目的经济效益、社会效益和环境效益，可以实现项目的全面可持续发展和共赢。

3. 经济风险评估

经济风险评估在项目评估中扮演着至关重要的角色，是为了量化和管理可能影响项目盈利能力的风险因素，以确保项目的经济可行性和投资回报。经济风险评估的目标是识别、分析和评估可能对项目带来损失或不利影响的潜在风险，并采取相应的风险管理策略和措施，以减少风险事件发生的概率和影响程度，最大限度地保障项目的顺利实施和经济回报。

经济风险评估的过程可以分为以下几个关键步骤：风险识别、风险分析、风险评估和风险应对。

首先，风险识别是经济风险评估的第一步，旨在识别项目可能面临的各类内部和外部风险因素。这包括市场风险、竞争风险、政策风险、供应链风险、金融风险等，通过充分调研、市场分析和前期研究，可以全面了解项目所处环境中的各类风险因素。

其次，风险分析是对识别出的风险因素进行分析和评估的关键步骤。通过定量和定性的方法，如概率分析、统计分析、情景分析等，可以量化风险的概率、影响程度和频率，从而评估风险事件对项目的影响。

随后，风险评估阶段旨在对已识别和分析的风险因素进行综合评估，确定其对项目的经济可行性和投资回报的重要性和影响程度。这依赖于对风险事件的经验判断、专家意见和数据分析等，通过多维度评估风险的概率、影响和风险容忍度，得出对风险的整体评估结果。

最后，根据风险评估的结果，制定相应的风险应对措施和管理策略。这包括风险规避、风险转移、风险缓解以及风险应急预案等措施，持续监测和评估项目进展，及时调整和采取措施，以确保项目能够适应和应对风险事件的发生。

第二节　决策树模型在工程项目投资决策中的应用

一、决策树模型的基本原理

决策树模型是一种常用的决策支持工具，在工程项目投资决策中发挥重要作用。它使用树状结构来表示决策问题的决策过程，通过对不同决策选择和潜在风险的分析，帮助决策者做出理性的投资决策。

（一）决策树模型的概念和作用

1. 概念

决策树模型是一种重要的预测模型，它通过使用树状结构来描述各种决策以及其可能导致的结果之间的关系。这种模型可以应用于多个领域，并被广泛应用于数据分类和预测问题。决策树模型的核心理念是通过对待测数据进行一系列的判断和选择来进行目标变量的分类或预测。具体而言，决策树模型将特征空间分割成多个区域，并在每个区域中应用决策规则，最终得到目标变量的预测结果。

决策树模型的建立过程基于特征选择和分裂规则确定，旨在寻找最佳的分割点和判定规则，使得决策树能够尽可能准确地对未知数据进行分类或预测。特征选择涉及评估每个特征的重要性和区分度，常用的评估指标包括信息增益、基尼指数等；而分裂规则则决定了如何根据特征对数据进行划分，常见的分裂规则有 ID3、CART 等。

2. 作用

决策树模型在工程项目投资决策领域扮演着至关重要的角色。其作用不仅体现在决策者对问题的系统分析，更在于其能够帮助决策者从多个角度全面评估各种决策选择对项目未来收益和风险的影响，为构建最佳投资组合提供科学依据，增加决策的准确性、灵活性和长期稳健性。

首先，决策树模型作为一种决策支持工具，为决策者提供了直观且易于理解的决策框架。通过决策树的结构化展示，决策者可以清晰地了解不同决策选择之间的联系和可能结果，帮助他们更加深入地理解决策问题的本质，有助于建立全面的决策思维模型。

其次，决策树模型强调对项目收益和风险因素的综合考量。在工程项目投资决策中，决策者需要面对多种不确定性因素和潜在风险，如市场波动、政策变化、竞争态势等。决策树模型的建立可以帮助管理人员系统性地审视这些因素对决策结果的影响，从而更好地评估决策路径的可行性和风险水平。

决策树模型还可以优化投资组合，实现风险与回报的平衡。通过对不同投资项目进行分类和评估，决策树模型可以帮助决策者识别出适合当前市场环境和自身风险承受能力的最佳投资组合，以最大限度地实现资金的效益最大化。

（二）决策树模型的基本构成

1. 节点类型

在决策树模型中，通常包括决策节点、机会节点和终结节点三种节点类型。决策节点表示决策者需要做出的实际决策，机会节点表示环境变量或不确定性因素的影响，终结节点表示最终结果或回报。

（1）决策节点

决策节点是决策树模型中的重要节点类型，表示决策者需要做出的实际决策。决策节点通常位于决策树的内部分支点，它代表着一个具体的决策选择。在决策节点处，决策树的分支路径会根据决策者的选择而发生变化，进而决定下一个节点的路径。决策节点的选择常基于决策者的经验、知识和决策目标，能够对最终结果产生重大影响。

（2）机会节点

机会节点在决策树模型中表示环境变量或不确定性因素的影响。这些节点代表在某个特定情境下可能发生的事件或行为，能够对最终决策结果产生影响。机会节点的引入使得决策树模型能够更好地应对不确定性和风险因素，增加了决策的灵活性和鲁棒性。在决策树的构建过程中，机会节点通常紧接在决策节点之后，用于处理潜在的不确定性。

（2）终结节点

终结节点是决策树模型中的叶子节点，也称为叶节点或叶子。它代表着最终的结果或回报，在决策树的末端处，用于说明该路径导致的最终决策结果。终结节点可以是一个具体的数值、一种分类标签或其他形式的结果。在决策树模型中，所有的决策选择和分支路径最终都会导向终结节点，从而为决策者提供最终的结论或决策结果。

2. 分支条件

分支条件在决策树模型中扮演着关键的角色，它们确定了在每个决策节点上如何根据不同的决策选择和可能的结果进行分支。这些分支条件通常基于属性选择，即通过分析项目特征和决策问题的特点，选取最具区分性和预测性的属性来划分数据，以实现最终决策目标。分支条件的设计影响着决策树模型的准确性、解释性和泛化能力。

（1）属性选择

在决策树模型中，分支条件的选择主要建立在属性选择的基础之上。属性选择是指从可用属性中选择一个属性作为当前节点的最佳分裂属性，以使得数据集根据该属性的取值能够获得最大的信息增益或纯度提升。各种属性选择方法如信息增益、基尼指数等，都旨在帮助选择最优的分支条件，以使得决策树在每个节点能够做出最明智的分支决策。

（2）数据划分

一旦确定了最佳的分支条件，数据集将根据该条件被划分成不同的子集或分支。每个子集代表了一个特定的属性取值或属性范围，对应于不同的决策选择和结果。数据划分的目的是将数据划分成更加纯净或同质的子集，以便在决策树的构建过程中实现对数据的进一步拆分和分类。

（3）决策路径

分支条件的设置和数据划分最终将决定决策树模型的决策路径。决策路径是由各个决策节点和分支条件组成的一系列关联决策选择的路径，在决策树的内部呈现出一种有序结构。通过沿着决策路径逐步推进，决策者可以了解每个决策点的选择依据，并最终到达终结节点，得出相应的决策结果或预测值。

（三）决策树模型的建立过程

1. 数据获取与准备

数据获取是建立决策树模型的关键步骤之一，它直接影响着模型的质量和准确性。在数据获取阶段，首先需要从各种数据源中收集相关数据，包括历史数据、决策参数等。这些数据可能来源于企业内部数据库、第三方数据提供商、开放数据源等，而数据的丰富性和代表性对决策树模型的训练和预测至关重要。

一旦数据被获取，下一步就是数据准备和清洗，以确保数据质量和准确性。在数据预处理阶段，通常需要进行以下工作：处理缺失值，可以采用填充、删除或插值等方法来处理缺失数据，避免对模型训练产生不良影响；处理异常值，识别和处理异常数据，以避免异常值对模型的干扰；去重处理，消除重复的数据记录，以确保数据集的唯一性。

在数据获取与准备阶段，还需要考虑数据的标准化和归一化，将不同属性的数据转换为统一尺度，有助于提高模型的性能和训练效果。同时，特征选择也是数据准备过程中的一个重要环节，通过挑选最相关和最具有预测性的特征，可以提高决策树模型的泛化能力和准确性。

2. 属性选择

在决策树模型的建立过程中，属性选择是一个关键的步骤。它的目的是从可用的属性中选择最具有预测能力和区分度的属性作为决策节点，以建立一个准确而有效的决策树模型。属性选择的质量直接影响决策树模型的性能和预测准确性。

属性选择的第一步是根据项目需求和决策目标，确定需要考虑的属性集合。这个过程涉及对业务问题的理解和领域知识的应用，以明确哪些属性是与决策目标相关的。在实际应用中，可以通过与业务领域专家的交流和讨论，以及分析现有数据的特点和特征来帮助确定属性集合。

接下来，需要评估选定属性之间的关联性和影响程度，以确定哪些属性对决策目标的预测有较大的贡献。常用的属性选择方法包括信息增益、基尼指数、卡方检验等。

信息增益是一种常用的属性选择准则，它衡量了利用某个属性划分样本所带来的不确定性减少程度。具体而言，对于每个可能的属性取值，计算相应分割后的子样本的信息熵，并计算原始样本集的信息熵。然后，通过计算信息熵的差值，选择使得信息增益最大的属性作为决策节点。

基尼指数是另一种用于属性选择的方法，它度量了样本集合的不纯度，即样本属于不同类别的混杂程度。对于每个可能的属性取值，计算相应子样本集合的基尼指数，并选择使得基尼指数最小的属性作为决策节点。

卡方检验则用于检验属性与目标变量之间的关联性，通过计算属性和目标变量之间的卡方统计量，判断是否存在显著关联。

除了上述方法外，还有其他的属性选择算法和指标可以考虑，如 C4.5 算法中的信息增益比、RELIEF 算法等。

3. 构建决策树

构建决策树是在属性选择确定之后，根据选定的属性和样本数据逐步进行的过程。它通过不断分裂节点并计算信息增益或基尼指数等指标，逐步构建出完整的决策树模型。

决策树的构建是一个递归的过程，从根节点开始，根据选定的属性将数据集分成不同的子集。对于每个子集，可以继续选择新的属性进行划分，直到满足停止条件。停止条件可以是达到预定的树深度、节点中的样本数小于某个阈值、节点中的样本属于同一类别或具有相同属性取值等。在每个节点上，通过计算信息增益或基尼指数等指标，选择最佳的划分属性，以使得决策树具有更好的判别能力和泛化能力。

信息增益是常用的划分属性选择准则之一，它衡量了使用某个属性划分样本所带来的不确定性减少程度。信息增益越大，表示使用该属性进行划分所获得的信息增益越大，能够更好地区分样本的不同类别。

基尼指数是另一种常用的属性划分准则，它衡量了样本集合的不纯度，即样本属于不同类别的混杂程度。基尼指数越小，表示使用该属性进行划分能够获得更纯净的子样本集合，具有更好的分类能力。

根据属性选择准则，选择最佳的划分属性后，再根据该属性的取值将样本数据进一步划分成多个子集。这个过程可以一直递归下去，直到满足停止条件。

然而，构建决策树时需要注意过拟合问题。过拟合是指模型过度适应训练数据，导致对新数据的预测效果不佳。为了避免过拟合，可以考虑采用剪枝策略，包括预剪枝和后剪枝。

预剪枝是在决策树构建过程中，在节点分裂前提前停止分裂，避免过度生长。预剪枝常用的策略有限制最小样本数（节点中样本数小于某个阈值时停止分裂）、限制树的深度、限制信息增益的阈值等。

后剪枝是在构建完整的决策树后，通过合并相邻节点或删除部分节点来进行精简，提高决策树的泛化能力。后剪枝常用的策略有代价复杂度剪枝，其中使用代价函数来评估子树的贡献和决策树的整体复杂度，并进行剪枝。

构建决策树的过程涉及选择划分属性、递归划分子集以及处理过拟合等步骤。通过综合考虑属性的信息增益或基尼指数、停止条件和剪枝策略，可以构建出具有较好性能和泛化能力的决策树模型。此外，还可以借助交叉验证等方法对决策树模型进行评估和优化，以进一步提升模型的性能和鲁棒性。

（四）决策树模型的优势和局限性

1. 优势

决策树模型具有许多优势，使其成为数据分析和决策支持的常用工具。首先，决策树模型易于理解和解释。由于它的决策过程类似于人类的决策方式，使用者可以直观地了解模型如何进行决策。决策树模型以树的形式展现，每个节点代表一个属性或特征，每个分支代表一个属性值或条件，通过在树上的路径判断样本的分类结果。这种可视化的结构提供了清晰的决策过程，有助于与决策者交流和解释模型的预测结果。

其次，决策树模型具有良好的可解释性。通过观察决策树的结构和节点属性，决策者能够直观地了解各种决策选择的影响和影响因素。在决策树中，不同的属性和属性值对应着不同的决策规则和条件，决策者可以基于这些规则和条件做出决策。这种可解释性使得决策树模型成为决策支持系统中重要的工具，尤其是在需要了解决策依据和背后逻辑的场景中。

决策树模型适用于各种类型的数据。无论是离散型数据还是连续型数据，决策树都能够有效处理。对于离散型数据，决策树模型使用属性的取值进行分割，形成不同的节点和分支；对于连续型数据，可以通过设置阈值或范围来实现划分。这种灵活性使得决策树模型适用于各种数据集合，并且可以根据具体情况进行调整和优化。

2. 局限性

决策树模型具有一些局限性，这些局限性在实际应用中需要注意和处理。首先，决策树模型容易出现过拟合问题。当样本数据特征复杂或噪声较多时，决策树模型可能会过度学习训练数据的特点，导致模型对新数据的预测效果不佳。为了避免过拟合，可以使用剪枝等技术来限制决策树的生长，并提高模型的泛化能力。

其次，决策树模型对于数据分布不均匀和缺失值较多的情况可能效果欠佳。如果数据中某些类别的样本数量明显不平衡，决策树可能在划分节点时偏向于数量较多的类别，而对于数量较少的类别则表现较差。此外，当样本数据存在缺失值时，决策树模型可能无法有效处理缺失值，需要采用替代值填充或数据清洗等方法来处理缺失值，以提升模型的准确性和鲁棒性。

虽然决策树可以通过多次划分来逼近非线性关系，但是对于具有复杂非线性结构的数据，决策树的表达能力可能不足以捕捉到所有的非线性关系。此时，可以考虑使用集成学习方法或结合其他机器学习算法来进一步提升模型的性能。

由于每个属性的取值都需要进行判断和分裂，当属性较多时，决策树的构建会变得非常复杂并且可能容易产生过度拟合。针对高维数据，可以通过特征选择、降维等方法来减少属性的数量，以改善决策树模型的性能。

三、决策树模型在工程项目投资决策中的应用

（一）决策树法在工程项目中的应用

决策树法是管理人员和决策者经常采用的一种很有效的决策工具，决策树法在工程项目中的应用主要体现在项目投标和企业的生产。

1. 决策树法在项目投标中的应用

决策树法在项目投标中的应用，一般是由决策者根据供选择的几种方案进行分析统计后，按照决策树法步骤所制定的图解。在工程项目投标中，建筑企业经常要面临选择高标还是低标的问题。投资标的结果可能会造成项目失败或企业的损失。而投低标则可以增加中标的机会，进而为企业的更高层次发展打下基础。我们通过举例说明。

（1）对所选择的方案进行统计分析画出图表

某承包商由于能力限制和企业资源有限，只能在 A 和 B 两个方案中选择一个进行工程投标或者两个都不进行投标。这种情况下，就出现了五种不同的投标方案。按照中标概率和编制投标的文件费用进行统计分析，依次是 A 项目投高标中标概率为 0.7，A 项目投低标中标概率为 0.3。A 项目编制投标文件所使用费用大概为 3 万元，B 项目投高标中标概率为 0.6，B 项目投低标中标概率为 0.4。B 项目在编制投标文件时所用费用大概为 2 万元。根据所统计的数据画出

数据表如下图：

表 3-1 投标方案效果、概率和损益表

方案	效果	概率	损益（万元）
A 投高标方案	好	0.2	120
	中	0.7	80
	差	0.1	0
A 投低标方案	好	0.3	160
	中	0.5	100
	差	0.2	40
B 投高标方案	好	0.2	100
	中	0.5	10
	差	0.3	-10
B 投低标方案	好	0.4	80
	中	0.5	60
	差	0.1	40
不投标	没有	0	0

（2）用决策树法进行投标决策

根据表 3-1 所示数据，按照步骤画出决策树图解如图 3-3 中的决策树模型，并标明各个方案的概率和损益值。

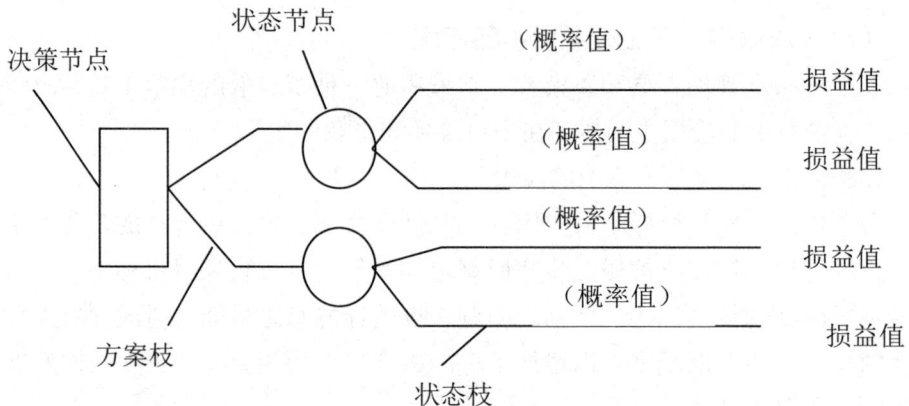

图 3-3 决策树法模型

（3）计算出各个方案的期望值

点⑦：$120 \times 0.2 + 80 \times 0.7 + 0.1 \times 0 = 80$（万元）

点②：$80 \times 0.7 - 3 \times 0.3 = 55.2$（万元）

点⑧：$160 \times 0.3 + 100 \times 0.5 + 40 \times 0.2 = 106$（万元）

点③：$106 \times 0.3 - 3 \times 0.7 = 32.7$（万元）

点⑨：$100 \times 0.2 + 40 \times 0.5 + (-10) \times 0.3 = 37$（万元）

点④：$37 \times 0.6 - 2 \times 0.4 = 21.4$（万元）

点⑩：80×0.4+60×0.5+40×0.1=66（万元）

点⑤：66×0.4 － 2×0.6=25.2（万元）

点⑥：为 0 相比较可以看出 A 项目投低标的期望值最大。

2. 决策树法在企业生产中的应用

在工程项目中企业打算扩建厂房或者新建厂房是，在面临两个或者两个以上方案时，可以用决策树法进行分析计算，在其中决策树法可以通过直观数据和系统计算找出几个方案中的最优期望值。为企业在建筑生产时能够精准掌控资金预算和项目进度。

（1）举例说明，某企业为生产某产品，计划建造厂房，建造大厂需要投资300万元，建造小厂需要投资160万元，使用期限为10年，每年的损益值如下图所示：

表 3-2 每年的损益值

自然状态	概率	销路好（损益值）	销路差（损益值）
建大厂	0.7	100	-20
建小厂	0.3	40	10

（2）根据图3-3所示数据，按照步骤作出决策树图解如图3-4所示决策树形。

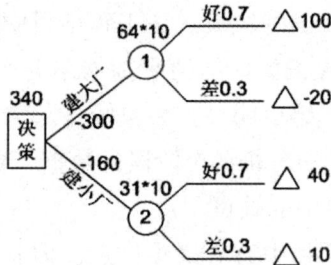

图 3-4 决策树法模型 2

（3）通过计算分析最优期望值

点①、100×0.7+（－20）×0.3=64（万元）

64×10 － 300=340（万元）

点② 40×0.7+10×0.3=31（万元）

31×10 － 160=150（万元）因此，在十年中，如按正常盈利包括销量好和销量坏的情况在内，除去所投入的资金，那么，建大厂的期望值比较高。

（二）决策树法在工程项目应用中的优缺点

决策树法在工程项目中的应用是比较广泛的，但是决策树法也只是人为地将一些整体数据结合分析出的结果。有时候也并不是面面俱到的。它也有优点和缺点：

1. 决策树法在工程项目中的优点

决策树法在工程项目投标和预算中起到了至关重要的作用。在决策者对两个或者多个方案进行比较难以选择最优点时，决策者就会利用现有的基础数据和预测统计的参数通过决策算法直观地体现出来。从而为决策者提供最优期望值。决策树法在工程项目中的优点主要有以下几点。

首先，决策树法能够全面列出决策问题的各种可行性方案以及可能出现的各种自然状态，以及在不同状态下各方案的期望值。在工程项目中，决策者往往需要在多个方案之间进行选择，而决策树能够直观地展现每个方案在不同情况下的预期效果，帮助决策者理清头绪，作出明智的决策。

其次，决策树法能够直观地显示整个决策问题在时间和决策顺序上的不同阶段的决策过程。在工程项目的投标和预算中，需要对不同时间段的项目经营情况和经济收益进行预测。通过决策树法，可以将基础数据和预测数据按照时间段和决策顺序填入决策树图解表中，让决策者能够更快速、更直观地分析所需数据，从而节省时间并更精准地预测出最合适的方案。

决策树法在复杂的多阶段决策中具有明显的阶段性和层次性，有利于决策机构进行研究探讨后作出正确的决策。在工程项目中，常常涉及多个方案在不同阶段的投标或预算，而决策树能够清晰地展示各个阶段中各方案的预算值，使得基础数据更直观、层次感更明显，并且统计起来更加简单明了。这样的特点使得决策者能够更有条理地分析各个阶段的数据，更加准确地做出决策。

2. 决策树法在工程项目中的缺点

尽管决策树法在工程项目中有着诸多优点，但其应用也存在一些不可忽视的缺点。

首先，决策树法的使用范围具有一定的局限性，无法适用于一些无法用数据表示的决策。例如，在工程项目中，某些地域的天气情况和当地的风俗习惯可能会对项目的实施产生重要影响，但这些因素往往难以用具体的数据来表示。因此，在决策树法的应用中，这些非数值化的因素无法被充分考虑，可能会导致决策结果的偏差。

其次，工程项目中预测参数的不确定性也会影响决策树法的准确性。例如，在面临不同扩建规模方案时，项目的未来人员容纳量和经济效益等因素具有一定的不确定性。然而，决策树法往往无法有效地处理这种不确定性，因此可能导致决策结果的不够准确和可靠。

第三，决策树法的应用也受到决策者主观判断的影响。在决策树的建立过程中，决策者对各个方案出现概率的主观判断可能存在偏差，从而影响了决策树模型的建立和运用过程。决策者的主观性往往会使得决策树模型的结果偏离客观事实，导致决策结果的不确定性增加。

（三）在工程项目中决策树法应用的重要性

在工程项目中，决策树法的应用至关重要。其重要性体现在以下几个方面。

1. 决策全面性

在工程项目中，决策的全面性至关重要，而决策树法能够在这方面发挥重要作用。工程项目的决策涉及多个方面，包括但不限于经济因素、技术因素、市场因素、环境因素等。这些因素之间相互交织，相互影响，决策者需要全面考虑它们在决策中的作用。决策树法通过将这些因素系统化地纳入考虑范围，并以图解方式直观地展现出来，确保了决策过程的全面性和细致性。

在决策树法中，决策者首先需要确定所有可能的决策选项，并对其进行分类和分析。通过对每个选项进行深入研究和评估，决策者可以更好地理解各个选项的优势和劣势，以及它们对项目的影响程度。然后，决策树法通过逐步分裂节点、计算信息增益或基尼指数等指标，逐步建立起决策树模型，直观地展现各种方案的期望值。这样一来，决策者可以清晰地看到各个方案在不同情况下的表现，有助于他们做出全面、准确的决策。

在工程项目中，决策树法能够将影响因素的复杂性和多样性整合到一个系统化的模型中，为决策提供了全面的考虑框架。决策者可以通过对决策树的分析和理解，更好地把握各个因素之间的关系，从而做出符合项目实际情况的最优决策。

2. 决策直观性

在工程项目中，决策的直观性对于决策者的理解和决策过程的透明度至关重要。决策树法作为一种图形化的决策工具，能够以清晰、直观的方式展示决策过程和各种决策选项之间的关系，因此在工程项目中具有重要意义。

决策树法通过将各种决策选项、影响因素以及可能的结果以树状结构展示出来，使得决策过程更加形象化和易于理解。决策者可以通过简单的图形化表示，直观地看到各种决策选项之间的逻辑关系和潜在的结果。这种直观的展示方式有助于决策者更全面地了解决策问题，更准确地评估各种决策选项的优劣，并最终做出明智的决策。

在工程项目中，决策树法的图形化展示使得决策过程更加透明和可视化。决策者可以直观地了解各种决策选项在不同情况下的预期结果，从而更容易做出正确的决策。此外，决策树法的图形化呈现还有助于决策者与团队之间的沟通和协作，减少了因为理解和解释问题而导致的误解和误判，提高了决策的效率和准确性。

3. 决策科学性

决策树法作为一种基于统计学原理和概率理论的决策分析方法，具有较高的科学性，尤其在工程项目中的应用更为突出。其科学性主要体现在以下几个方面：

首先，决策树法基于数据和统计分析，通过对历史数据和影响因素的分析，计算出各种方案的期望值。这种基于数据和统计的分析方法使得决策结果更为客观和科学，减少了主观因素的干扰，提高了决策的科学性和可信度。

其次，决策树法能够系统化地将各种决策选项和可能的结果以树状结构进行表示，清晰地展现了各种决策路径和选择的概率。通过对数据的分析和计算，决策树法能够量化各种决策选项的影响程度和可能的结果，为决策者提供了科学、客观的决策依据。

决策树法能够通过计算信息增益或基尼指数等指标，对决策过程进行优化和分析，进一步提高了决策的科学性和效率。通过对数据的深入挖掘和分析，决策树法能够发现潜在的规律和关联，帮助决策者更准确地评估各种决策选项的优劣，从而做出更为科学和合理的决策。

第三节　灰色关联度分析方法在工程项目投资决策中的应用

一、灰色关联度分析方法的基本原理

灰色关联度分析方法是一种基于灰色系统理论的多因素决策方法，它通过对各因素之间的关联程度进行量化评估，来分析不同因素对目标变量的影响程度。其基本原理包括以下几个方面：

（一）灰色系统理论基础

灰色系统理论是一种处理不确定性问题的数学工具，它最初由中国学者陈纳德于 1982 年提出。该理论将事物的状态分为已知和未知两部分，通过对已知信息进行分析，推断未知信息，从而解决了传统决策方法难以处理的复杂问题。在灰色系统理论中，关联度分析是一种重要的方法，用于研究不同因素之间的关联程度。

（二）关联度计算

灰色关联度分析方法通过计算不同因素之间的关联度来评估它们对目标变

量的影响程度。通常采用的是灰色关联度函数，它是通过对原始数据进行标准化处理，然后计算各因素之间的关联度，得出各因素对目标变量的贡献程度。关联度计算的过程可以简要概括为以下几个步骤：

1. 数据标准化

在关联度计算之前，首先需要对原始数据进行标准化处理，以消除因素间的量纲和数量级差异。标准化的目的是将不同指标的取值范围调整到相同的区间内，使得各个因素在计算关联度时具有可比性。常用的标准化方法包括最大最小标准化、z-score 标准化等。通过标准化处理后，各个因素的数据都会落在相似的区间内，便于后续的关联度计算。

2. 确定关联系数

在数据标准化完成后，利用已知数据，计算各因素之间的关联系数。关联系数是衡量两个因素之间关联程度的指标，通常采用相关系数或其他相关度量方法进行计算。相关系数可以反映出两个因素之间的线性相关程度，其取值范围在 -1 到 1 之间，绝对值越大表示相关性越强。除了相关系数，还可以使用其他方法如皮尔逊相关系数、斯皮尔曼等级相关系数等进行关联系数的计算。

3. 计算灰色关联度

在确定了各因素之间的关联系数后，接下来就是计算灰色关联度。灰色关联度是利用关联系数来衡量各因素之间关联程度的指标，它可以反映出不同因素对目标变量的贡献程度。计算灰色关联度的过程可以通过灰色关联度函数进行，该函数将标准化后的数据作为输入，根据关联系数的大小，计算出各因素之间的灰色关联度。灰色关联度越大，表示该因素与目标变量的关联程度越高，对目标变量的影响程度也越大。

4. 综合评价

最后，需要对各因素的关联度进行综合评价，以确定各因素对目标变量的重要程度。这一步通常涉及对各因素的关联度进行加权平均，根据各因素的权重来计算综合的关联度指标。权重的确定可以根据具体情况和决策者的主观判断来确定，反映出各因素在决策过程中的重要程度。通过综合评价，可以得到各因素对目标变量的综合影响程度，从而指导决策者做出合理的决策。

（三）综合评价

在计算得到各因素之间的关联度后，可以对其进行综合评价，确定各因素对目标变量的重要程度。这一步骤通常涉及对各因素的权重进行加权平均，得出综合的关联度指标。具体而言，综合评价可以包括以下几个方面：

1. 确定权重

在进行综合评价之前，首先需要确定各因素的权重，以反映它们对目标变量的重要程度。权重的确定通常依据决策者的经验和专业知识，也可以通过专家评估、层次分析法等方法来确定。决策者可以根据各因素的性质、影响程度和实际情况，对其进行权重赋值，使得权重之和为 1。确定了权重后，就可以根据权重进行加权计算，以综合各因素的关联度。

2. 加权平均

在确定了各因素的权重后，接下来进行加权平均，将各因素的关联度按照其权重进行加权计算，得出综合的关联度指标。具体而言，可以将各因素的关联度乘以其对应的权重，然后将得到的结果进行加总，得到综合的关联度指标。这样得到的综合指标可以更准确地反映各因素对目标变量的综合影响程度，为后续的决策提供科学依据。

3. 决策分析

最后，根据综合的关联度指标，对各个方案进行决策分析，指导决策者做出合理的决策，选择最优方案。通常情况下，综合的关联度指标越高，说明该方案对目标变量的影响越大，因此在决策过程中应优先考虑具有较高综合关联度的方案。决策者可以根据具体情况和决策目标，结合综合关联度指标进行权衡，最终选择最适合的方案。

二、灰色关联度分析方法在工程项目投资决策中的具体步骤

在工程项目投资决策中，灰色关联度分析方法的应用通常包括以下几个步骤：架构图见图 3-5。

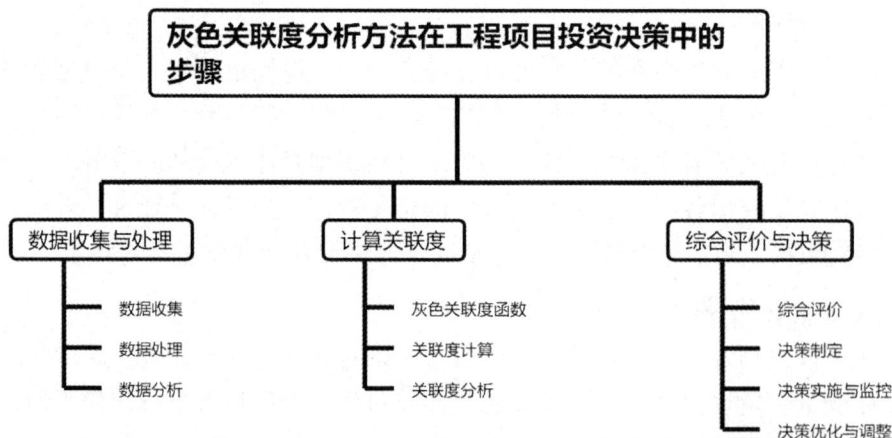

图 3-5 灰色关联度分析方法在工程项目投资决策中的步骤架构图

（一）数据收集与处理

1. 数据收集

数据收集是灰色关联度分析的第一步，关系到后续分析的数据质量和可靠性。数据来源可以包括市场调研报告、企业内部数据、行业统计数据等。在收集数据时需要注意数据的全面性和代表性，尽可能获取到全面、准确的数据样本。

2. 数据处理

数据处理包括数据清洗、数据标准化等步骤。数据清洗是指对数据进行筛选、清理，剔除异常值和重复值，保证数据的准确性和一致性。数据标准化则是将不同指标的数据转化为相同的量纲或标准化范围，消除指标间的量纲差异，以便进行后续的计算和比较。

3. 数据分析

数据分析是数据处理的延伸，包括数据的描述统计、相关性分析等。通过对数据的分析可以更好地了解各因素之间的关系，为后续的关联度计算提供参考依据。

（二）计算关联度

1. 灰色关联度函数

灰色关联度函数是灰色关联度分析的核心方法之一，它可以用来计算各因素之间的关联度。常用的灰色关联度函数包括灰色关联度计算模型、灰色关联度综合评价模型等。

2. 关联度计算

在确定了灰色关联度函数后，需要将预处理好的数据代入函数中进行计算。计算得到的关联度值可以反映各因素之间的相关程度，从而为后续的综合评价提供依据。

3. 关联度分析

通过对计算得到的关联度值进行分析，可以发现各因素之间的关联程度及其对项目投资决策的影响程度。这有助于确定投资决策的重点因素和优先考虑方向。

（三）综合评价与决策

1. 综合评价

综合评价是根据计算得到的关联度值对各因素进行综合分析和评价，确定各因素对工程项目投资决策的重要性和影响程度。在综合评价过程中，需要考虑各因素的权重、互动关系等因素，以确保评价结果的客观性和科学性。

2.决策制定

根据综合评价的结果，结合实际情况和决策目标，制定最终的投资决策方案。在制定决策方案时，需要考虑各因素之间的平衡和协调，最大限度地实现投资利益最大化和风险最小化的目标。

3.决策实施与监控

决策实施是将决策方案落实到实际操作中的过程，包括项目实施、资源配置、风险管理等。同时需要建立有效的监控机制，对决策方案的执行情况进行跟踪和评估，及时发现和解决问题，确保项目按计划顺利推进。监控机制可以通过建立项目管理系统、定期召开项目进展会议、制定监测指标和阶段性评估等方式实现。

4.决策优化与调整

在项目实施过程中，可能会受到外部环境变化、市场需求变化等因素的影响，需要对决策方案进行及时优化和调整。通过定期评估和反馈机制，发现问题、总结经验，及时调整决策方案，以确保项目的顺利实施和最终达到预期目标。

三、灰色关联度分析方法的优势与局限性

灰色关联度分析方法在工程项目投资决策中具有一定的优势，但同时也存在一些局限性。

（一）优势

灰色关联度分析方法在工程项目投资决策中具有显著的优势。首先，它能够综合考虑多个因素的影响程度，从而提高了决策的科学性和全面性。工程项目的投资决策通常涉及多种因素，如市场因素、技术因素、政策因素等，而这些因素之间相互影响，相互作用。灰色关联度分析方法可以将这些因素进行量化评估，并计算它们之间的关联度，从而帮助决策者全面理解各因素对决策的影响程度，有助于制定更加科学合理的决策方案。

其次，灰色关联度分析方法具有方法简单直观、易于理解和操作的特点，因此适用于工程项目投资决策中的复杂问题。相比于一些复杂的数学模型或者专业软件，灰色关联度分析方法更加简单易行，无须过多的专业知识和复杂的计算，使得决策者能够快速上手并进行决策分析。这种直观简单的特点使得灰色关联度分析方法在工程项目投资决策实践中得到广泛应用。

灰色关联度分析方法能够量化不同因素之间的关联程度，为决策提供了客

观的依据。通过灰色关联度计算，可以将不同因素之间的关系以具体的数值进行表示，而非主观的描述或者定性的判断，这有助于决策者更加客观地了解各因素之间的关系，从而做出更加准确和可靠的决策。

通过对数据的处理和计算，灰色关联度分析方法可以减少主观因素的干扰，提高了决策的客观性和准确性。在数据处理过程中，对数据的清洗和标准化可以排除数据中的异常值和噪声，使得分析结果更加可靠。同时，在灰色关联度计算过程中，采用的是客观的数学模型，减少了主观因素的影响，确保了决策的客观性。这有助于决策者基于客观的数据和分析结果做出理性的决策，提高了决策的准确性和可信度。

（二）局限性

虽然灰色关联度分析方法在工程项目投资决策中具有一定的优势，但同时也存在一些局限性。

首先，灰色关联度分析方法对数据的要求较高，需要大量的数据支持，并且数据质量对结果影响较大。在实际应用中，往往需要收集各种类型的数据，包括市场数据、技术数据、政策数据等，这些数据来源复杂，获取成本较高。而且，数据质量对结果的影响较大，如果数据存在较大的误差或者不完整性，会导致分析结果的不准确性，影响最终的决策结果。

其次，在确定影响因素和建立关联度函数时，存在一定的主观性和不确定性，可能会影响最终结果的准确性。在确定影响因素时，需要对各种因素进行权衡和筛选，这涉及一定程度的主观判断，不同的决策者可能会有不同的看法，导致结果的不一致性。同时，在建立关联度函数时，选择适当的函数形式和参数设定也需要一定的专业知识和经验，如果选择不当或者参数设定不合理，会影响到分析结果的可信度和准确性。

灰色关联度分析方法本身对数据的处理和计算较为复杂，需要较高的专业知识和技能，操作起来相对繁琐。在数据处理过程中，需要进行数据清洗、标准化、计算等多个环节，这需要具备一定的数学统计知识和计算机技能。而且，灰色关联度分析方法的计算过程较为复杂，需要对灰色关联度函数的原理和计算方法有深入地理解，这对于一般的决策者来说可能存在一定的难度。

四、应用案例

（一）项目概况

某能源有限公司计划启动一项油田开发项目，总投资额达到80亿元。为了有效评估各方案的优劣，公司针对该项目制定了四种不同的油田开发方案。每个方案都经过精心设计，针对八项关键指标展开评估，这些指标是：采气速度、投资回收期、采出程度、产气量、内部收益率、利润、成本和净现值率。这些指标是评估项目可行性和经济效益的关键因素，它们将对最终的投资决策产生重要影响。

针对每个指标，公司收集了详细的数据情况，以便进行全面地分析和评价。这些数据将被用来对各方案进行综合评估，以找出最佳的投资决策方案。在这个过程中，公司将注意到每个指标的权重和重要性，并确保评估过程具有科学性和准确性。通过比较各项指标的表现，公司将能够为项目的成功实施提供关键的决策支持，从而确保项目能够实现预期的经济效益和投资回报。

每个指标的数据情况如表 3-3 所示，试图通过各个项目的指标予以分析评价，找出此项目投资决策的最佳方案。

表 3-3 某油田工程开发方案

方案	产气量 /km³	采气速度 /%	才出程度 /%	利润 / 亿元	内部收益 率 /%	净现值率 /%	成本 / 元 /m³	投资回收 期 / 年
方案 1	5.0	2.9	78.5	2.8	67.9	2.8	0.096	1.8
方案 2	5.1	3.6	77.2	3.6	70.3	3.4	0.086	2.0
方案 3	5.4	2.9	79.5	2.9	51.5	2.0	0.099	2.7
方案 4	3.3	4.4	55.6	2.4	69.3	2.6	0.084	2.3

（二）模型应用

利用基于灰色关联理论建立的工程项目投资决策模型，我们将探讨石油工程项目的最优方案。首先，我们分析了各个因素指标的关联度，以及它们的权重。通过这些数据，我们计算出了石油工程项目开发方案的加权灰色关联度向量。因素指标的关联度 y_j：$y_1=0.765$，$y_2=0.7725$，$y_3=0.7825$，$y_4=1$，$y_5=0.695$，$y_6=0.77875$，$y_7=0.85$，$y_8=0.6275$；因素指标的权重 W=（ω_1，ω_2，ω_m，ω_m）：W=（0.1220，0.1232，0.1248，0.1595，0.1108，0.1242，0.1355，0.1）；石油工程项目开发方案的加权灰色关联度向量 r：

r=（r_1，r_2，r_3，r_4）

=（0.08745，0.1114，0.0755，0.0700）

由于 $r_4<r_3<r_1<r_2$，可得到石油工程项目开发方案的排名次序是从低到高：方案 4，方案 3，方案 1，方案 2。这意味着根据我们的模型，方案 2 是最优的开发方案。

这一结论的得出基于对各因素指标的综合分析，我们考虑了每个指标的关联度和权重。通过灰色关联度分析，我们能够综合考虑各种因素，并对不同方案进行客观地评估。因此，我们可以确信，选择方案 2 将为石油工程项目的成功开发提供最佳的保障。

这一结果对于石油工程项目的决策者来说具有重要意义。它为他们提供了一个科学的依据，帮助他们在众多方案中做出明智的选择。通过利用灰色关联理论建立的投资决策模型，我们能够更好地理解和评估不同方案之间的差异，从而确保项目的成功实施。

第四章 工程项目成本估算与控制

第一节 工程项目成本估算的方法与技术

一、成本估算的基本原理

工程项目成本估算是在项目实施前对所需资金进行估算和预测的过程。其基本原理源于对多方面因素的综合考量，其中包括但不限于项目的设计方案、技术要求、材料价格以及劳动力成本等。在进行估算和预测时，需要通过合理的计算和分析，对项目的各项费用进行评估和预测，以确定项目的总成本和各个阶段的成本分配情况。这一过程不仅仅是简单地将各项费用相加，而是需要深入分析每一项费用的来源、影响因素以及相互关联关系。具体而言，成本估算包括直接成本和间接成本两大类。直接成本主要涉及项目实施所需的物质、劳动力和设备等直接支出，其估算通常相对直观，但也需要充分考虑不同因素对成本的影响，如材料的选择、市场价格波动等。而间接成本则包括管理费用、间接劳动力成本、设备折旧、利息等项目，这些成本往往不易直接量化，但对项目的整体成本影响极大。因此，进行成本估算时，需要对这些间接成本进行合理地估算和分摊。此外，成本估算还需考虑风险因素，包括市场风险、技术风险、政策风险等，这些因素可能对项目成本产生不可预测的影响。因此，在进行成本估算时，必须进行风险评估，并在估算结果中留出一定的余地，以应对可能发生的不确定性。

总的来说，工程项目成本估算是一个复杂而系统的过程，需要充分考虑各种因素的影响，并进行科学合理的分析和判断，以确保最终的成本估算结果具有可靠性和可信度，为项目的投资决策提供准确的参考依据。

二、成本估算的方法分类

成本估算方法根据其适用范围、计算原理和数据来源等因素可以分为多种类型。主要的方法包括：

（一）经验估算法

1. 适用范围

经验估算法适用于以下情况。

（1）简单项目

适用于简单的项目，例如常规建筑、装修或基础设施项目。

（2）缺乏详细设计的项目

在项目初期阶段，由于缺乏详细设计或方案尚未确定，经验估算可以快速提供初步成本估算。

（3）快速估算

经验估算可以快速进行，为项目决策提供基础数据。

2. 计算原理

经验估算法的计算原理基于历史数据和专业经验。主要步骤包括以下几点。

（1）历史数据分析

对过去类似项目的实际成本数据进行分析，包括项目规模、材料费用、人工费用等。

（2）专业经验应用

结合专业人员的经验和判断，对历史数据进行评估和调整。

（3）简单比较和调整

根据历史数据和专业经验，进行简单的比较和调整，得出估算成本。

3. 数据来源

经验估算法的数据来源主要包括以下几点。

（1）历史项目成本数据

包括过去类似项目的实际成本数据，这些数据是经验估算的重要依据。

（2）专家经验

专业领域内的专家拥有丰富的项目实践经验，其经验对成本估算具有重要参考价值。

（3）行业标准成本数据

行业内常见的成本数据，如单位材料价格、人工费率等，可以作为参考数据，用于与历史数据进行比较和校准。

（二）参数估算法

1.适用范围

参数估算法适用于以下情况。

（1）类似项目

适用于与已知项目相似的新项目，这样可以更好地利用已有项目的经验数据。

（2）相关参数可比较

适用于已知项目和新项目之间存在一些可比较的参数，如规模、技术复杂度等。

推导成本估算公式：可以通过对已知项目的相关参数进行分析和比较，推导出适用于新项目的成本估算公式。

2.计算原理

参数估算法的计算原理主要包括以下步骤。

（1）统计分析已知项目数据

对已知项目的成本数据和相关参数进行统计分析，探索其之间的关系。

（2）建立参数与成本的关系模型

基于统计分析的结果，建立参数与成本之间的关系模型，可以是线性模型、非线性模型等。

（3）应用关系模型

将建立的关系模型应用到当前项目的参数上，通过参数值代入模型，得出新项目的成本估算结果。

3.数据来源

参数估算法的数据来源主要包括以下几点。

（1）已知项目的成本数据和相关参数

这些数据是参数估算的基础，包括已知项目的规模、技术复杂度、人力资源需求等。

（2）统计分析方法和模型建立的相关知识

包括统计学方法、回归分析、模型建立等方面的知识，用于对已知项目数据进行分析和建模。

（三）类比估算法

1.适用范围

类比估算法适用于缺乏详细设计的项目，通过将已完成的类似项目作为参照，对当前项目进行成本估算。

2. 计算原理

类比估算法基于已完成的类似项目的实际成本数据，通过比较和调整，将其应用到当前项目上，进行成本估算。

3. 数据来源

数据来源主要包括已完成类似项目的实际成本数据和项目特征。通过对这些数据的分析和比较，可以确定适用于当前项目的类比估算方法。

（四）工程量清单法

1. 适用范围

类比估算法适用于以下情况。

（1）缺乏详细设计的项目

当项目尚处于初期阶段或缺乏详细设计时，往往难以准确估算成本。此时，可以通过将已完成的类似项目作为参照，进行成本估算。

（2）项目特征相似

适用于已完成项目与当前项目在项目特征、规模、技术要求等方面相似的情况。

2. 计算原理

类比估算法的计算原理主要包括以下步骤。

（1）获取已完成项目数据

首先，获取已完成类似项目的实际成本数据，包括项目规模、工程量、材料费用、人工费用等。

（2）比较和调整

将已完成项目的成本数据与当前项目进行比较，根据两者的相似性进行调整。调整的方式可以是按比例调整、根据特定指标调整等。

（3）应用到当前项目

将经过调整的成本数据应用到当前项目上，进行成本估算。

3. 数据来源

类比估算法的数据来源主要包括以下几点。

（1）已完成类似项目的实际成本数据

这些数据是类比估算的基础，通常包括项目规模、工程量、材料费用、人工费用等。

（2）项目特征和技术要求

对当前项目的特征和技术要求进行准确描述，以便与已完成项目进行比较。

（五）比例估算法

1.适用范围

比例估算法适用于以下情况。

（1）根据项目的规模和特征进行估算

适用于根据项目的规模、特征等因素进行成本估算的情况。

（2）考虑材料价格指数

适用于考虑材料价格指数等因素对成本的影响的情况。

2.计算原理

比例估算法的计算原理主要包括以下步骤。

（1）分析项目的规模和特征

首先，对项目的规模、特征进行详细分析，确定各项成本影响因素。

（2）推导成本估算公式

根据分析结果，推导出项目成本与规模、特征等因素之间的比例关系，建立成本估算的数学模型或公式。

（3）应用比例关系

将建立的成本估算公式应用到当前项目的具体参数上，根据项目的规模、特征等参数值，计算出项目的成本估算结果。

3.数据来源

比例估算法的数据来源主要包括以下几点。

（1）项目的规模和特征

包括项目的规模、技术要求、工程量等因素。

（2）相关材料价格指数

用于考虑材料价格指数对成本的影响。

（六）参数回归法

1.适用范围

参数回归法适用于以下情况。

（1）统计分析已有项目的成本数据

适用于已有项目的成本数据较为丰富的情况，可以通过统计分析来获取成本与相关因素之间的关系。

（2）建立回归模型进行成本估算

适用于根据已有项目的成本数据和相关因素建立回归模型，从而对未知项目的成本进行估算。

2.计算原理

参数回归法的计算原理主要包括以下步骤。

（1）统计分析

首先，对已有项目的成本数据和相关参数进行统计分析，确定它们之间的相关性。

（2）建立回归模型

基于统计分析的结果，建立成本与参数之间的回归模型，通常是通过线性回归、多元回归等方法建立。

（3）应用回归模型

将建立的回归模型应用到当前项目的参数上，根据当前项目的参数值，通过回归模型计算出项目的成本估算结果。

3.数据来源

参数回归法的数据来源主要包括以下几点。

（1）已有项目的成本数据

这些数据是参数回归法的基础，用于建立回归模型和进行统计分析。

（2）相关参数

包括影响成本的各种因素，如项目规模、工程量、人力资源等。

（3）统计分析方法和回归模型建立的相关知识

用于进行统计分析和建立回归模型。

（七）专家评估法

专家评估法是一种常用的成本估算方法，依靠领域内专家的知识和经验，通过专家会商、问卷调查等方式，对项目成本进行主观评估和判断。在工程项目管理中，专家评估法通常被用于初期项目估算、风险评估以及缺乏足够数据支持的情况下的成本预测。

1.适用范围

专家评估法适用于以下情况。

当项目数据不完整或缺乏历史数据支持时，专家评估法可以弥补数据不足的不足。

对于复杂的项目，尤其是技术含量高、前瞻性强的项目，专家评估法能够充分利用专家的经验和知识，提高成本评估的准确性。

在项目初期阶段，当没有足够的时间和资源进行详细的成本估算时，专家评估法可以提供快速的初步估算结果。

2. 计算原理

专家评估法的计算原理基于专家的主观判断和经验。通常包括以下步骤。

（1）专家会商

通过召集领域内相关专家进行会商，共同讨论项目的各个方面，包括项目的规模、技术复杂度、人力资源需求等。专家们根据各自的经验和知识，对项目成本进行初步评估和讨论。

（2）问卷调查

设计针对项目成本相关因素的问卷调查（附录一），向领域内专家、项目经理和业界从业人员等发放问卷，收集他们对项目成本的看法和评估。通过统计分析问卷结果，得出项目成本的估算值。

（3）综合分析

将专家会商和问卷调查的结果进行综合分析，考虑到不同专家和从业人员的意见和经验，以及项目的具体情况，得出最终的成本估算结果。在这个过程中，可能会采用加权平均或其他统计方法来综合不同专家的评估结果。

3. 数据来源

数据来源主要包括以下几个方面。

（1）领域内专家的知识和经验

专家是专业领域内的权威，他们积累了丰富的项目实践经验和知识，在成本评估中起着至关重要的作用。

（2）专家会商和讨论

通过组织专家会商，可以收集到专家们的意见和建议，作为成本评估的重要参考依据。

（3）问卷调查

设计问卷调查（附录二），向领域内相关人员收集成本评估的意见和建议，通过问卷调查可以广泛地获取不同人员的看法。

（4）历史数据分析

对过去类似项目的成本数据进行分析，可以为专家评估提供参考依据，尤其是在缺乏专家经验或数据不足的情况下。

第二节 成本控制的关键要素与策略

一、成本控制的重要性与目标

在工程项目管理中，成本控制扮演着关键的角色。通过合理的成本控制，项目可以在有限的资源下实现最大的经济效益，并确保项目的可持续性和稳定性。架构图见图 4-1。

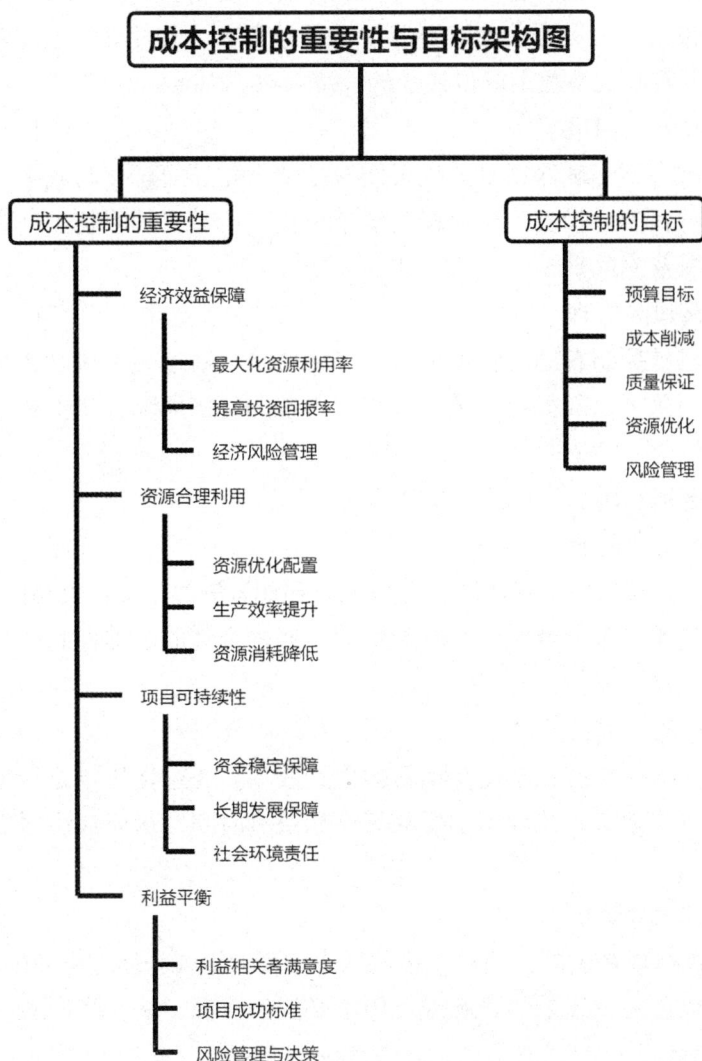

图 4-1 成本控制的重要性与目标架构图

（一）成本控制的重要性

成本控制在工程项目管理中具有至关重要的地位。其重要性体现在以下几个方面：

1. 经济效益保障

在工程项目管理中，经济效益是评价项目成功与否的重要标准之一。项目的目标通常是通过最有效地利用资源来实现最大的经济效益。因此，成本控制在确保项目经济效益方面扮演着至关重要的角色。

（1）最大化资源利用率

通过成本控制，项目管理团队可以确保资源的最佳利用，从而最大化资源的效益。这包括人力资源、物资资源以及财务资源。通过有效地管理成本，项目可以在资源有限的情况下取得最佳的经济效益。

（2）提高投资回报率

成本控制有助于确保项目的投资回报率最大化。通过控制成本，项目管理者可以降低项目的总投资，从而提高每单位投资所带来的收益。这对于项目的长期健康发展至关重要。

（3）经济风险管理

合理的成本控制有助于管理项目的经济风险。通过确保项目在预算范围内运作，管理团队可以降低项目运行过程中出现的经济风险，如资金不足、成本超支等。

2. 资源合理利用

（1）资源优化配置

成本控制能够帮助项目团队更好地规划和配置资源，确保资源的最佳利用。这包括物质资源、人力资源以及时间资源。通过合理的成本控制，可以避免资源的浪费和低效使用。

（2）生产效率提升

有效的成本控制有助于提高项目的生产效率。通过优化资源利用，项目团队可以提高工作效率，减少不必要的等待和浪费时间，从而加快项目的进度并降低成本。

（3）资源消耗降低

成本控制可以帮助降低项目实施过程中的资源消耗。通过有效地管理成本，项目团队可以避免过度采购资源或使用不必要的资源，从而降低项目成本并减少对环境的影响。

3. 项目可持续性

（1）资金稳定保障

成本控制可以确保项目在资金方面的稳定性。通过合理控制成本，项目管理团队可以确保项目在预算范围内运作，避免因资金不足而导致项目中断或失败的风险，从而保障项目的可持续性。

（2）长期发展保障

成本控制对于项目的长期发展具有重要意义。通过确保项目的经济效益和资源利用率，项目团队可以为项目的长期发展奠定坚实基础，从而确保项目的可持续性。

（3）社会环境责任

有效的成本控制也可以有助于项目在社会和环境方面承担责任。通过减少资源消耗和环境污染，项目可以降低对社会和环境的负面影响，实现可持续发展。

4. 利益平衡

（1）利益相关者满意度

成本控制有助于平衡项目各方的利益，确保项目的可持续性和稳定性。通过合理控制成本，项目团队可以最大限度地满足项目各利益相关者的需求和期望，提高项目的可持续发展。

（2）项目成功标准

成本控制是衡量项目成功与否的重要标准之一。通过确保项目在预算范围内运作，并实现预期的经济效益，可以提高项目的成功率，并为利益相关者带来满意的结果。

（3）风险管理与决策

成本控制还可以帮助项目团队更好地管理风险和做出决策。通过对成本的有效控制，项目团队可以降低项目实施过程中的风险，并为项目的发展提供可靠的数据支持和决策依据。

（二）成本控制的目标

成本控制的主要目标包括：

1. 预算目标

确定合理的预算目标，使得项目在预算范围内实现目标。预算目标的设定应考虑项目的规模、复杂性、市场情况等因素，确保预算的合理性和可行性。通过制定详细的预算计划，监控预算执行情况，及时调整预算方案，以确保项目在预算范围内高效运作。

2. 成本削减

通过合理的成本控制策略和方法，降低项目成本，提高项目经济效益。成本削减可以通过优化资源配置、降低生产成本、提高生产效率等方式实现。同时，应重视成本管控的持续性和系统性，不断优化成本管理流程，寻找降低成本的有效途径。

3. 质量保证

在控制成本的同时，确保项目的质量达到要求，不因成本压缩而影响项目质量。质量保证是成本控制的重要内容之一，通过制定严格的质量标准和控制措施，建立完善的质量管理体系，确保项目在成本可控的前提下实现高质量的交付。

4. 资源优化

最大限度地优化项目资源的利用，提高资源利用效率，降低资源浪费。资源优化包括人力资源、物资资源、资金资源等方面的优化管理，通过科学合理地配置和利用资源，提高项目生产力和竞争力。

5. 风险管理

尽量减少成本方面的风险，确保项目成本控制在可控范围内。风险管理是成本控制的重要组成部分，通过识别、评估和应对成本方面的风险，采取有效的风险管理措施，确保项目在成本控制过程中不受意外因素的干扰，保持成本稳定性和可控性。

二、成本控制的策略与方法

（一）成本控制策略

1. 预算管理策略

制定合理的预算是成本控制的基础。项目团队应该根据项目的规模、复杂性、市场需求等因素，制定详细的预算计划，包括项目的各个阶段和各项成本的预算，以确保项目在预算范围内高效运作。

预算管理策略包括预算的制定、执行和监控。在预算制定阶段，项目团队应该对项目的各项成本进行合理估计和预测，制定可行的预算方案。在预算执行阶段，项目团队应该严格按照预算计划执行，监控预算执行情况，及时发现和解决预算偏差问题。

预算管理策略还包括预算的调整和优化。在项目实施过程中，可能会受到外部环境、市场变化、技术进展等因素的影响，需要根据实际情况及时调整预算方案，优化预算管理策略，确保项目的预算目标和成本控制目标得以实现。

2. 变更管理策略

严格控制项目变更是成本控制的重要手段之一。项目变更可能会导致项目成本的增加和进度的延误，因此需要制定有效的变更管理策略，确保变更的合理性和必要性。

变更管理策略包括变更的识别、评估、批准和控制。在变更识别阶段，项目团队应该及时收集和记录项目变更请求，并对其进行初步评估。在变更评估阶段，项目团队应该对变更的影响进行全面评估，包括成本、进度、质量等方面的影响。

变更管理策略还包括变更的批准和控制。在变更批准阶段，项目管理团队应该根据变更的影响和紧急程度，决定是否批准变更，并及时通知相关人员。在变更控制阶段，项目管理团队应该监控变更的执行情况，确保变更按照批准的方案和程序实施。

3. 供应链管理策略

优化供应链是降低项目成本的重要途径之一。供应链管理策略包括供应商选择、供应链设计、供应链协作等方面。

在供应商选择方面，项目管理团队应该根据供应商的信誉、能力、价格、交货期等因素，选择合适的供应商和合作伙伴。同时，加强供应商管理，建立长期稳定的合作关系，降低采购成本和供应风险。

在供应链设计方面，项目管理团队应该优化供应链结构，简化供应链环节，降低供应链成本，提高供应链的灵活性和响应能力。同时，利用信息技术和物流技术，优化供应链流程，提高供应链效率和效益。

在供应链协作方面，项目管理团队应该加强与供应商和合作伙伴的沟通和协作，共同解决供应链中的问题，优化供应链运作模式，提高整体供应链的效率和竞争力。

4. 风险管理策略

有效管理项目风险是成本控制的重要手段之一。风险管理策略包括风险识别、评估、应对和监控。

在风险识别方面，项目管理团队应该对项目的各个方面进行全面分析，识别可能影响项目成本的各种风险因素，包括市场风险、技术风险、政策风险等。这可以通过头脑风暴、专家咨询、历史数据分析等方法来实现。

（二）成本控制方法

1. 预算控制方法

预算控制方法是成本控制的基本手段之一。其中，基准预算控制是指根据项目计划和预算制定的基准，对项目的成本执行情况进行实际监控和比较，及时调整预算，确保项目在预算范围内实现目标。滚动预算控制是指根据项目执行的实际情况和进展，动态地调整预算，以适应项目的变化需求和情况变化，从而提高预算的灵活性和适应性。

2. 成本效益分析

成本效益分析是一种重要的成本控制方法，通过对项目成本与效益之间的关系进行深入分析，确定项目的成本投入是否合理，并评估项目的经济效益。通过成本效益分析，可以评估项目的投资回报率、投资收益期等指标，为项目的成本控制和投资决策提供科学依据。

3. 绩效管理

绩效管理是指建立有效的绩效评估体系，对项目的成本绩效进行监控和评估，及时发现成本超支、效率低下等问题，并采取相应措施加以解决。通过绩效管理，可以提高项目团队的工作效率和执行力，有效控制项目成本，确保项目的顺利实施和目标达成。

4. 技术创新

项目团队可以通过引入先进的施工技术和节能技术等，降低项目的施工成本和能耗成本，提高生产效率和资源利用效率，从而实现成本控制的目标。

5. 资源优化

项目团队应合理调配项目资源，避免资源的浪费和闲置，提高资源利用效率，从而降低项目的总体成本。资源优化包括人力资源、物资资源、资金资源等方面的优化管理，通过科学合理地配置和利用资源，提高项目的生产力和竞争力，实现成本控制的目标。

第三节　成本控制在工程项目中的应用案例分析

造价成本控制是根据一定时间段先期设立成本管理的目标，在主体的范围内节省生产资源消耗，对所有会影响到成本的因素以及条件等作出预防与调节，以此确保实现节能减排增效。在建筑工程造价管理方面最为重要的一个环节就是对成本的合理控制。近年来，基础设施改造升级项目多，项目投资金额大，多采用 PPP 项目管理模式。对投资金额大，工程周期长，研究成本控制在建筑工程造价管理的优化策略具有十分重要的现实意义。

一、工程概况

某区基础设施提升工程是一项重要的公共项目，采用了公私合作（PPP）的模式，总投资约 19.31 亿元。为了有效管理和实施这一庞大的工程项目，工程建设部对项目进行了细分和部门划分，形成了四个项目部，分别是市政道路提升工程项目部、房屋建筑工程项目部、某区体育中心项目部以及土坑村申遗整治修缮项目部。这四个项目部门各司其职，负责管理和监督各自管辖范围内的工程建设。

市政道路提升工程项目部负责对某区的市政道路进行提升改造，以改善交通状况和提升城市形象。房屋建筑工程项目部则负责房屋建筑方面的工程，包括住宅建设、公共建筑等，以满足某区居民的住房需求和提升城市建设水平。某区体育中心项目部的任务是建设现代化的体育设施，促进体育事业的发展和居民的健康生活。土坑村申遗整治修缮项目部则致力于对土坑村的历史文化遗产进行修缮和保护，以提升景区的文化底蕴和旅游吸引力。

这四个项目部门各自独立但又相互协作，通过紧密的合作和有效地管理，实现了市政、房建、文化等不同领域的工程项目同时推进。这一细致分工和协同配合的工作模式，为某区基础设施提升工程的顺利进行提供了坚实的组织保障和管理基础。

二、降低造价的原则

（一）满足业主需求

在保障施工进度和工程质量的前提下，优先满足业主的需求和期望。业主是工程项目的委托人，其需求和利益应该被优先考虑。通过与业主充分沟通、了解其需求，采用合适的技术和管理手段，确保项目能够按时、按质完成，从而满足业主的利益诉求。

（二）安全施工

确保施工过程中的文明生产和安全施工，避免因安全事故而增加不必要的成本。安全施工是保障工人生命财产安全的基本要求，也是保证工程顺利进行的关键环节。通过建立健全的安全管理体系、加强安全教育培训、落实安全生产责任制等措施，有效预防和控制施工中的安全风险，降低事故发生的概率和影响，从而减少安全事故对项目造成的成本损失。

（三）环保要求

杜绝使用含有有害物质的材料，符合环保要求，避免对环境造成污染，降低环境治理成本。环境保护是社会责任和可持续发展的重要内容之一，工程项目在设计和施工过程中应积极采取环保措施，减少对环境的影响。选择绿色、环保的建筑材料和施工工艺，实施污染防治措施，合理利用资源和能源，可以有效降低环保成本，并为环境保护贡献力量。

（四）减少损耗和浪费

在各个施工进度中，减少材料、人力和时间的浪费，提高资源利用效率，降低施工成本。减少损耗和浪费是提高工程项目经济效益的重要途径之一。通过精细化管理、优化施工工艺、加强现场监督等手段，可以有效减少施工过程中的损耗和浪费，节约资源、降低成本。

三、有针对性控制项目建设投资的措施

项目投资采取动态控制。建设方在施工实施期，把投资计划金额作为投资限额的目标值，是进行项目投融资管控的基本方法。

（一）动态投资控制

在施工实施期间，将投资计划金额作为投资限额的目标值，并采用动态控制方法对项目的投资进度进行管控。这意味着不仅要设定初始的投资预算，还要根据项目实际进展情况灵活调整投资计划，确保资金的合理利用和项目的正常进行。动态投资控制需要根据实际情况随时调整投资策略，及时解决资金短缺或超支等问题，保持投资额在预定目标值内。

（二）进度款管理

根据项目的计划时间和实际进度，合理拨付款项，并对实际进度款与预期目标值进行比对和分析。及时发现偏差并采取相应措施进行调整，以确保投资额控制在预定的目标值内。进度款管理需要建立健全的财务管理体系，确保资金的及时拨付和合理使用，同时加强对项目进度的监控和评估，确保项目按计划进行。

四、控制成本的基本步骤

（一）施工图预算成本的分析

一般以中标的工程项目施工图为依据，编制施工图预算，以投标报价为上

限确定预算成本。成本预算是按照施工图项目的成本，对分部分项工程内容进行分类汇总，在人工费、机械台班费和材料费上，要按照各部门的施工图纸的工程量来计算定额单价，另外关于管理人员的经费和间接成本的规费、其他产生的直接费都已按照工程类别来确定其费率。

（二）根据公司内部定额确定计划成本

根据施工图预算和本单位内部定额，确定计划成本的初期控制限额。具体操作如下：根据施工图，准确计算出图纸工程总量、材料总量、机械设备总量和实际工日单价、预购材料单价、机械设备租赁和使用合同单价等因素，确定计划成本目标值。本着实事求是的工作作风来确定项目计划成本。当今建筑承包市场竞争激烈，普遍存在低价中标的现象。低价中标已然被动，但项目盈利是单位的终极目标，唯有在项目成本控制上找出路，即应找出成本和利润之间有一个平衡点，既要保证实现质量目标，又不能突破内部成本的限额，更不能以牺牲工程质量和进度来降低成本，因此应在一定的额度区间进行成本控制。

（三）有效控制项目成本

成本控制分三个维度：管理制度控制、计划进度款控制、承包合同管理等。

1. 管理制度控制

指依据国家规定、本公司的行政管理制度，如通过财经制度、人工消耗量控制制度进行成本支出的管控。

2. 进度款计划控制

根据该项目对成本的控制，必须依照国家预算定额执行成本支出。如果没有定额，需根据单位类似的工程项目进行定额消耗量，再去结合本项目工程的实际情况和预定目标来设定成本值，各个部分班组根据制定控制指标来执行。

3. 分承包合同管理

即项目部控制项目成本，根据公司审定的各项目子项成本，与项目部各承建单位、项目经理等签订成本控制合同，即按照各归口管理部门的费用管理要求，落实的成本管理责任制。

（四）成本核算

该工程项目的实际消耗成本须以该工程施工的计算期内为准，严格禁止以领代耗行为发生。如果本次领用的材料没有消耗，应由相关人员及时办理退料的手续，以便于材料的统计整理。在该项目中的实际成本需要按照其材料当月成本差异实际耗用量来计算，并不放在季末或者年末统计分配。

（五）成本分析

项目经营管理部，应按照实际支出的分包进度款、材料进度款来核算本工程支出的成本，并进行实际进度成本分析，累计出本月项目成本实际水平，并仔细分析项目成本节约或超支项，并找出原因。经营人员撰写成本分析月报告，项目经理部定期交流分析，总结节约经验，吸取教训，提供后期成本控制对策。

五、降低成本的方法

项目成本的降低可以采用很多有效的方法与途径，如技术、材料、施工方案、管理方法等。具体方法如下：

（一）有效采购管理

1. 项目团队成员参与采购

造价员、采购员等项目团队成员共同参与工程材料的采购过程，通过多方面、多单位的询价和报价，以及采购招标方式确定材料采购价，确保在保证质量的前提下获取最优价格。

2. 严格的验收制度

建立严格的材料进场验收制度，确保进场材料符合合同要求，不合格的产品不得进场，从源头上保障施工材料的质量和成本控制。

3. 分承包合同管理

加强对分承包合同的管理，根据实际施工进度合理申请工程进度款，确保工程款落实到位，防止工程款挪用或滞后支付，保障施工进度。

（二）施工技术与工艺优化

1. 技术创新应用

采用先进的施工技术和节能技术，提高施工效率，降低能耗，减少施工成本。

2. 工艺优化

优化施工方案和工艺流程，提高施工效率，减少人力和时间浪费，从而降低项目成本。

（三）管理优化

1. 成本控制策略

建立科学的成本控制策略，包括预算管理、变更管理、供应链管理和风险管理等，从管理层面全面把控项目成本。

2. 绩效评估机制

建立绩效评估体系，对项目成本进行定期评估和监控，及时发现问题并采取措施加以解决，提高成本管理的效率和水平。

（四）供应链优化

1. 多渠道采购

开拓多个采购渠道，与多个供应商建立合作关系，获取更多的选择余地和议价空间，降低采购成本。

2. 供应链协同

与供应商、分包商等各方建立紧密的协同关系，优化供应链管理，提高供应链的效率和透明度，降低运营成本。

六、成本控制的关键

成本控制不能纸上谈兵，需要采取可落地、可实施的措施，措施实施步骤如下：

（一）原则

1. 最低化原则

成本控制的首要原则是最低化，即在不影响项目质量和进度的前提下，尽可能降低项目成本，包括原材料费用、管理费用、人工费用和设备费用等。通过采取有效的成本控制措施，确保项目的成本维持在合理水平，最大限度地降低投资风险。

2. 全面控制原则

成本控制涉及项目的每个环节和阶段，需要进行全面调控和综合管理。从项目的启动阶段到项目交付阶段，都需要对成本进行全面的监控和控制，确保成本的有效管理和优化。

3. 动态化控制原则

成本控制需要具有动态性，随着项目的进展和外部环境的变化，不断调整和优化成本控制策略和措施。及时响应市场变化和项目需求，灵活调整成本控制的方向和重点，以确保项目成本的有效控制和管理。

4. 责任及权利结合控制原则

在成本控制过程中，责任与权利相结合是至关重要的。各个相关部门和人员应明确各自的责任和义务，同时赋予相应的权利和权限，以便能够有效地执行成本控制措施，并及时作出调整和决策。

（二）明确考核目标值

1. 利润最大化

成本控制的最终目标是实现利润最大化。项目的利润直接受到成本控制的影响，因此，确定利润最大化作为考核目标值是非常重要的。通过控制项目的成本，确保项目的利润得到最大化，从而实现项目的经济效益和可持续发展。

2. 合同价格锁定

在项目签订合同的过程中，确定合同价格是非常重要的一步。一旦合同价格确定，成本控制就成为决定利润大小的关键因素。因此，在制定合同价格时，需要充分考虑项目的实际情况和市场变化，确保合同价格能够覆盖项目成本，并留有一定的利润空间。

七、项目成本控制

项目成本控制可从体系控制、计划控制、运行机制等多方齐抓共管，进行有效的成本控制。

（一）建立成本控制体系

1. 建立完善的成本控制系统

项目管理部门应建立健全的成本控制体系，包括成本核算、成本预算、成本分析等，确保项目各项成本得到有效管理和控制。

2. 责权利相互制约的逻辑体系

对项目中的各个岗位和部门进行成本分解，明确责任和权限，实行责、权、利相互制约的逻辑体系，形成有效的管理机制。

（二）计划控制

1. 制定目标成本计划

根据项目管理部门的责任，确定项目的目标成本，并组织造价人员对施工图进行详细的计划控制，明确项目的计划成本目标。

2. 建立成本控制目标表

对成本项目与工程部位进行分解，建立控制目标成本的实施表，将各成本影响因素责任到人，并定期检查和改善成本控制措施和方法。

（三）运行控制

1. 采用目标管理方法

严格按照施工现场进度，拨付施工进度款，有效控制现场费用的支出，确保项目的成本在预算范围内。

2. 施工采购策划

根据审定的计划成本目标，制定施工采购策划，确保施工材料的采购和使用符合预算要求，避免不必要的成本浪费。

3. 材料采购管控

对材料采购进行管控，包括材料统筹调配、合理使用等，确保材料成本在控制范围内。

（四）成本核算

1. 建立成本核算制度

确定成本核算的基本原则、考核范围、考评程序、核算方法等，记录核算台账，保留原始数据，确保成本核算的准确性和可追溯性。

2. 每月成本核算

每月末进行成本核算，根据实际情况对项目成本进行统计和分析，及时发现和解决问题。

3. 施工实际进度、产值、支出统计

成本核算应坚持施工实际进度、产值、支出统计"三同步"的原则，确保成本核算与项目实际情况同步。

八、施工阶段的造价管理措施

（一）预结算部门应严格审定工程造价

依据施工图纸和工程量计算规则，结合现场变更、签证等，准确计算工程量、避免错套定额、错取费用、严控现场变更和签证、将多余的措施费用剔除，使预结算值控制在合同价内，并能有效反映工程真实造价。

（二）严控工程材料采购价格

该项目工程中的主要材料费用通常占用总工程的 60% 以上，所以有效控制相关费用，就可以随之控制总造价。项目部可以根据市场原材料当下价格信息进行比对，合作更好的供货商，采购物美价廉的材料，这样便可以降低整个工程费用的开销。

（三）守住施工签证及变更关

在施工过程中，由于现场施工地质条件影响、各专业施工碰撞，以及施工做法的变化，会产生现场签证和变更，此时会影响最终工程量的计算。工程变更定会影响工程总造价，所以我们不能随意发生施工现场签证和变更。

九、降低成本的技术组织措施

工程材料是影响工程造价的关键因素，因此控制工程材料是降低工程成本的关键措施。

加强工程项目中的成本管理措施，制定工程项目成本的基本计划，节约成本，定期来做该项目的成本分析，降低各项开支来增加收益。

在满足项目施工的前提下，制定季度、月底的材料使用计划；加强材料的管理工作，从细节上做到用料的无误。所有设备材料都必须进行统一招标，最后根据标书来依次采购，由厂家直接来供应可以极大地节约采购开支成本。另外工程场地的设备与材料要尽量不在露天堆放，自然的损耗也是要极其注意，减少材料保管的成本开支，项目施工的时候对材料做到合理使用，尽量减少不必要的损耗。

项目工程可以采购散装的水泥，减少包装的费用，节省开支。

验收原材料和半成品尽量在产地完成，控制材料的报废率。项目施工机械配备要符合生产率和机械施工水平，提高施工的效率。

在施工工艺和施工方法上要做到合理先进，利用有限的施工场地，提高工作效率，扩大各项工作面，减少不必要的工程费用。项目施工中的产品质量必须严格把控和管理，必须保证产品的质量一次成型，不必要的返工是不合理的成本损耗。

因为项目施工中按照工程前期时耗长，工作量大，后期工程压力增大，工作量的集中会对施工安排造成很大的工作压力，在前期必须采取相应的应对措施，相互地配合做到工程安装施工，减少高峰期的工作压力，也可以减少工程后期的问题，做到均衡施工。当下项目施工过程中，新的施工方法极大地提高了施工的工作效率，也降低了各项工程的成本费用，如新工艺、新材料和新设备等。革新技术和工作计划，这样才能确保项目工程的质量和效率以及成本的节约。项目工程施工的收工与交付使用，是发挥社会效益的前提，在该项目完工后，及时核算工程资料，做到工完场清与账清，保证企业效益的资金回笼，降低财富风险。

在PPP工程项目中，施工周期长，投资金额大，项目资金有计划、有保障是避免工程造价管理失控，确保项目高效有序开展的前提，工程造价成本控制是提高PPP项目工程造价管理的必要措施。

第五章 风险管理与成本控制

第一节 风险管理理论与方法

风险管理理论与方法是指对风险进行系统分析和有效预防的一系列原理和操作手段。在工程建设项目中，风险管理尤为重要，因为项目过程中存在着多种不确定性因素，而有效的风险管理可以帮助项目团队在面对挑战时做出正确的决策，最大限度地降低风险带来的负面影响。

一、风险管理的理论基础

（一）工程项目风险的形成机理

工程项目风险的形成机理是一个复杂而多元的过程，可以通过图 5-1 来展示。在建设工程项目中，由于涉及多种因素的相互作用，导致了项目风险的形成和发展。

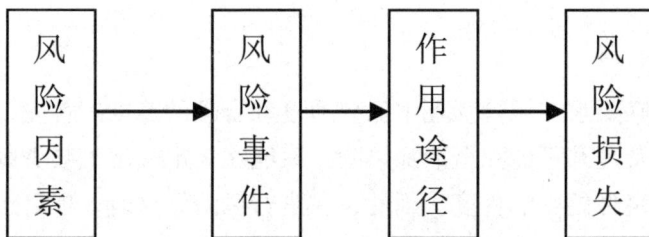

图 5-1 工程项目风险的形成机理

第一，工程项目需要大量的人力资源和时间投入，而人力资源的管理和协调可能存在着困难和不确定性，例如施工队伍的管理、人员流动等，这些因素可能会导致施工进度延误、人员成本增加等风险。

第二，工程项目的工期较长，涉及多个阶段和环节，每个环节都可能存在着不同程度的风险。例如，在工程设计阶段，可能会存在设计错误或者设计变更的风险；在施工阶段，可能会存在材料供应不足、施工质量问题等风险。

第三，工程项目活动的多样性也是导致风险形成的重要因素之一。由于工程项目涉及多个方面的活动，例如土建、设备安装、工艺调试等，每个活动都可能存在着独特的风险因素，这增加了项目整体风险的复杂性和不确定性。

第四，工程项目受到时间、资金、资源和环境等因素的影响和约束较大。例如，项目可能会受到自然灾害、政策法规变化、市场行情波动等外部环境因素的影响，从而增加了项目风险的不确定性。

（二）工程项目风险管理的原则

1.经济性原则

在工程项目的各个阶段，风险管理所需的资源投入包括人力、物力和财力等方面。这些资源的消耗即为风险管理的成本。在进行风险管理时，项目经理需要综合考虑各种因素，以确保所采取的风险管理措施不会带来项目的经济损失。例如，在选择适当的风险规避措施时，项目经理应当通过科学的成本－效益分析，确保项目的总成本最低化。

同时，项目经理也需要认识到风险管理本身也具有成本，过度的风险管理可能会增加项目的总成本，从而影响项目的经济效益。因此，在制定风险管理策略时，项目经理应当根据项目的实际情况和风险特征，采取经济性原则，以最大限度地降低项目的整体成本。

经济性原则的核心在于在风险管理中实现成本和效益的平衡。项目经理需要在项目的不同阶段，以经济性原则为指导，合理分配资源，确保项目的经济效益最大化。

2.适度性原则

适度性原则要求在风险管理中保持适度和合理的态度。首先，项目经理需要认识到风险管理并不能完全消除风险，只能在一定程度上减少风险的发生概率或减轻风险事件的影响程度。因此，在进行风险管理时，项目经理应当合理评估风险，避免过度依赖风险管理来解决所有问题。

其次，适度性原则还要求项目经理正视风险管理的积极作用，避免因为过度害怕风险而导致工作的被动和消极。项目经理需要以积极的态度面对风险，通过科学合理的方法规避和应对风险，保持对项目目标的追求和实现。

适度性原则的实施需要项目经理具备审慎和理性的态度，综合考虑风险管理的正面和负面影响，制定出既能有效应对风险又不会过度依赖风险管理的策略和措施。

3. 社会性原则

社会性原则要求在风险管理过程中，企业要承担起社会责任，避免将不适当的风险转移给其他企业或个人。企业的风险管理活动应当符合法律法规和道德规范，不得损害其他利益相关方的合法权益。

此外，社会性原则还要求企业在进行风险管理时，要充分考虑社会环境和公众利益。企业需要在风险管理过程中与社会各界积极沟通和合作，共同维护社会的稳定和和谐。

社会性原则的贯彻实施需要企业具备良好的社会责任意识和公民意识，积极履行企业的社会责任，促进企业与社会的良性互动和共同发展。

4. 战略性原则

战略性原则要求企业在制定风险管理计划时，要与公司的战略目标相一致。风险管理是企业实施战略的重要手段之一，应当根据公司的战略定位和发展方向，确定相应的风险管理策略和措施。

具体来说，企业在实施风险管理时，需要将风险管理与企业战略相结合，从长远发展的角度出发，综合考虑风险管理对企业战略目标的影响，确保风险管理活动能够为企业的战略实施提供有效支撑和保障。

战略性原则的核心在于将风险管理作为企业战略的一部分来加以考虑和实施，以确保风险管理活动能够与企业的长期发展目标相一致，实现企业战略的顺利实施和实现。

二、工程项目风险管理的过程

风险管理是通过对项目进行分析，预估其项目可能存在的风险，并进行分享规避，能用最低的代价达到最大的实施保证的方法。工程项目风险管理的完整过程如图 5-2 所示。

工程项目风险管理的过程

（一）风险识别
- 项目风险识别方法论的演进
- 数据驱动的风险识别
- 专家咨询与多元化识别手段的结合
- 风险识别的持续性和动态性

（二）风险评估
- 风险评估的定性与定量方法
- 风险评估的主要考量因素
- 风险评估的工具和技术

（三）风险应对
- 风险应对策略的制定
- 风险应对策略的分类
- 风险应对计划的制定与实施
- 风险应对的持续改进

（四）评估风险管理效果
- 评估指标的选择与设计
- 评估方法的选择与实施
- 评估结果的分析与反馈

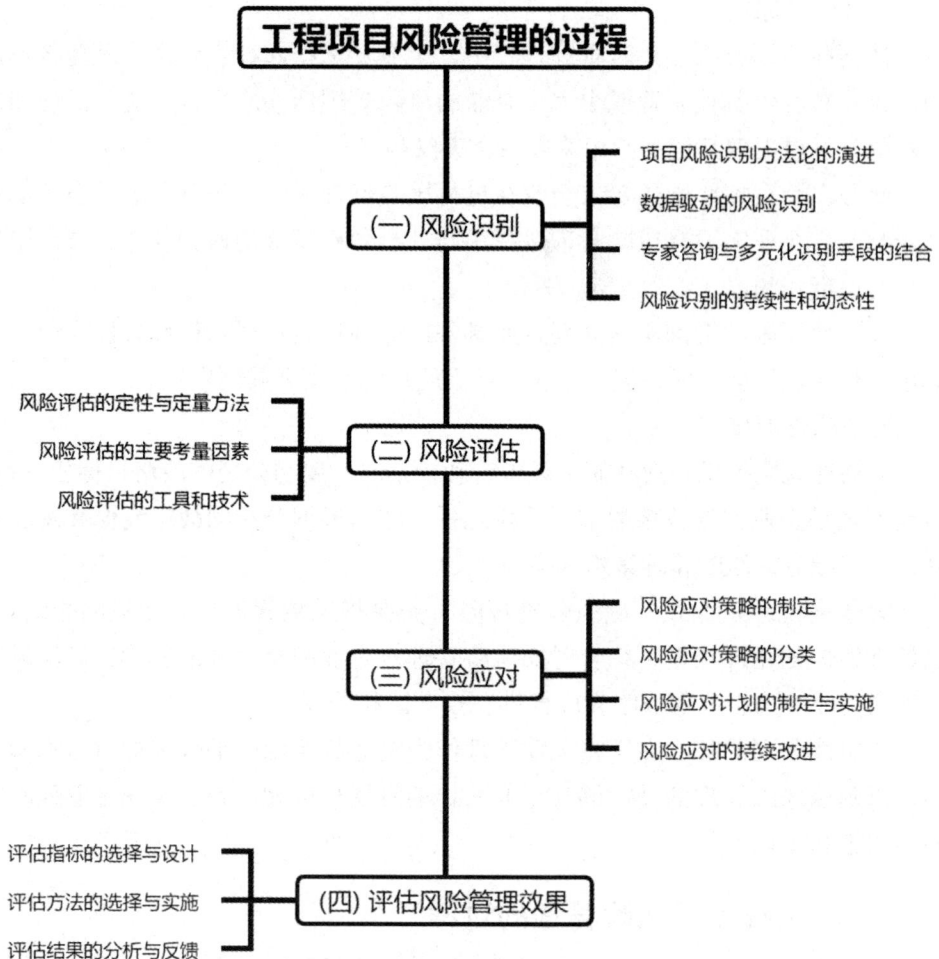

图 5-2　风险管理的完整过程

（一）风险识别

1. 项目风险识别方法论的演进

风险识别是工程项目风险管理的起点，其方法论的演进对项目的成功实施至关重要。最初，项目风险识别可能是基于项目团队成员的经验和直觉，然后逐步发展出基于案例分析、专家访谈、头脑风暴等定性方法，以及定量方法如统计分析、模拟仿真等。随着信息技术的发展，基于数据挖掘、人工智能等技术的风险识别方法也逐渐成为可能。风险识别方法的演进不仅提高了识别效率，还能够更全面地考虑到项目可能面临的各种风险因素。

2. 数据驱动的风险识别

随着大数据和数据科学的兴起，数据驱动的风险识别方法正在成为一种趋势。这种方法利用项目历史数据、行业数据以及其他相关数据源，通过数据分析和挖掘的手段识别项目潜在的风险。例如，通过对类似项目的数据进行挖掘，可以发现一些常见的风险模式和规律，从而为当前项目的风险识别提供参考。数据驱动的风险识别方法不仅能够提高识别的准确性和全面性，还能够更好地支持风险决策和应对措施的制定。

3. 专家咨询与多元化识别手段的结合

在风险识别过程中，专家咨询是一种常用的手段，通过请教领域内的专家或经验丰富的从业者，可以帮助项目团队识别并理解项目可能面临的风险。除了专家咨询，还可以采用多元化的识别手段，如头脑风暴、SWOT 分析、场景分析等方法，以便从不同的角度和层面全面地识别项目的风险。

4. 风险识别的持续性和动态性

风险是项目管理中的常态，因此风险识别应该是一个持续性和动态性的过程。在项目的不同阶段和不同环节，都可能出现新的风险或原有风险的变化，因此项目团队需要保持对风险的持续关注，并随时进行识别和更新。同时，随着项目的推进和环境的变化，项目团队还需要及时调整识别方法和策略，以确保风险识别的及时性和有效性。

（二）风险评估

1. 风险评估的定性与定量方法

风险评估是对项目风险进行综合考量和判定的过程，可以采用定性和定量相结合的方法。定性方法主要包括专家评估、风险矩阵分析、故事板分析等，通过专家判断或主观评估对风险的可能性和影响进行描述和分类。定量方法则基于数学模型和统计分析，通过数据采集和建模对风险进行量化和评估，如蒙特卡洛模拟、决策树分析等。定性与定量方法相结合能够更全面地理解和评估项目风险，提高评估的准确性和可靠性。

2. 风险评估的主要考量因素

在进行风险评估时，需要考虑多个因素以全面评估项目风险。首先是风险的可能性，即某个风险事件发生的概率大小，其次是风险的影响程度，即风险事件发生后对项目目标的影响程度，包括时间、成本、质量等方面。此外，还需要考虑风险的相关性和不确定性，以及不同风险之间的相互影响和耦合关系。综合考虑这些因素，可以更准确地评估项目风险的严重程度和优先级，为风险应对措施的制定提供依据。

3. 风险评估的工具和技术

风险评估过程中可以借助多种工具和技术来支持决策和分析。例如，可以利用风险评估矩阵、敏感性分析、因果图、头脑风暴等工具来识别和分析风险，同时还可以使用项目管理软件和数据分析工具进行数据处理和模拟仿真，以支持定量分析和决策。选择适合的工具和技术可以提高评估的效率和准确性，帮助项目团队更好地理解和应对项目风险。

（三）风险应对

1. 风险应对策略的制定

风险应对是根据项目风险识别和评估的结果，制定适当的风险应对策略至关重要。以下是风险应对的相关内容：

2. 风险应对策略的分类

风险应对策略可以分为四类：避免、转移、减轻和接受。避免是指采取措施避免可能导致风险发生的情况，例如调整项目范围或资源配置；转移是指将风险转移给其他方，通常通过购买保险或签订合同来实现；减轻是指采取措施防止风险发生的可能性或影响程度，例如加强监控或引入备用方案；接受是指项目团队选择接受风险并承担其后果，通常适用于风险影响较小或应对成本较高的情况。

3. 风险应对计划的制定与实施

在确定了风险应对策略后，需要制定相应的风险应对计划，并及时落实和跟踪执行情况。风险应对计划应包括具体的措施、责任人、时间表和资源需求等内容，以确保风险应对措施的有效实施和监控。在执行过程中，需要及时调整和更新风险应对计划，以应对新的风险或变化的情况，确保项目的顺利实施和目标的达成。[1]

4. 风险应对的持续改进

风险应对是一个持续改进的过程，项目团队应不断总结经验教训，优化应对策略和措施，提高风险管理的效率和效果。通过定期的风险回顾和评估，可以发现和解决存在的问题，提升团队对风险的应对能力和水平。同时，还可以借鉴其他项目的成功经验和行业最佳实践，不断完善和改进风险管理体系，以适应项目和环境的变化，保障项目的成功实施和持续发展。

（四）评估风险管理效果

1. 评估指标的选择与设计

---

[1] 高伟忠. 建筑工程项目管理的风险及对策 [J]. 四川水泥 .2016（12）：85.

在评估风险管理效果时，需要选择合适的评估指标并设计评估方法。评估指标应该具有科学性、客观性和可操作性，能够全面反映风险管理的效果和成效。常用的评估指标包括风险管理成本、风险事件发生率、风险应对效率、项目绩效指标等。根据项目的特点和管理目标，可以设计相应的评估方法和流程，以便对风险管理效果进行定量和定性的评估。

2. 评估方法的选择与实施

针对不同的评估指标，需要选择合适的评估方法和工具实施。例如，对于风险管理成本，可以采用成本效益分析或回报率分析进行评估；对于风险事件发生率，可以通过统计分析或趋势分析进行评估；对于风险应对效率，可以采用绩效评价方法或案例分析进行评估。评估方法的选择应考虑数据的可获得性、评估的精确度和实施的复杂度等因素，以确保评估结果的准确性和可信度。

3. 评估结果的分析与反馈

完成评估后，需要对评估结果进行分析和总结，并及时反馈给项目管理团队和相关利益相关者。分析评估结果可以发现存在的问题和不足之处，为进一步改进和优化风险管理提供参考和建议。同时，还可以向利益相关者沟通风险管理的效果和成果，增强他们对项目管理的信心和支持，促进项目的顺利实施和成功完成。[1]

三、风险管理常用的量化方法

（一）德尔菲法

德尔菲法属于一种"背靠背"的专家调查法，调查人员为了获得某个问题的调查结果，针对该问题设计出一份调查问卷通过通信的方式，30—50位专家进行调查咨询。为了使得调查结果客观有效，参与调查的专家之间互相不见面，调查组织者以电子邮件、邮递等形式将调查问卷逐一发到各个专家手中。由于专家具有不同的经验、学识、岗位等，所以，要求专家分别从自己的角度对调查问卷进行回复、解答，并在规定的时限里将结果寄还给调查人员。调查人员对收到的问卷结果进行数据处理（中位数、上下四分位数、平均数、极差等），将原调查问卷的处理结果反馈给所有专家，专家们根据反馈结果再次提交答复意见。经过初次答复—反馈—再答复—再反馈的过程，直至绝大多数的专家们的答案相对统一后停止调查，将最后一轮意见处理后即得调查结果。

这种方法操作程序明确，实用性很强。专家既能独立思考，独立发表看法，

1　刘中明，涂毅晗. 我国建筑工程项目风险管理对施工安全控制的对策 [J]. 四川水泥.2016（12）：102.

又能根据反馈意见对自己的意见做出调整，既发挥了个人判断法、专家会议法的优点，又克服了两种方法的不足，是一种比较理想的专家调查方法。

（二）成分分析（AHP）

层次分析法就是将事物的组成用树状结构图的形式来表示，其组成可以分解为若干个层次，最顶层是预期达到的目的或者目标，即所研究问题应达到的终极效果，即目标层；中间层是评价目标是否实现而设置的一些评价标准，即准则层；最底层则是有助于实现目标的多个方案或者计划，即方案层。层次结构建立后，计算下层相对于上层某一指标的权重系数，直至最底层。然后，从底层开始，再计算各层相对于最高层的综合权重系数，其中，对于最底层来讲，相对于目标层的最大权重系数所对应的方案即为最优方案。在计算各层相对于上层的权重系数时，由于因素多，逻辑关系复杂，所以每层的权重系数均应进行一致性检验。该方法将问题用层次结构来表示，问题简单明了，易于理解，系统性强，是适用于具有层次结构问题的首选方法。

（三）模糊综合评价法

模糊综合评价法是利用模糊数学中的隶属度原理对受到多个因素制约的事物或研究对象进行总体评价的方法，主要适用于定性指标的评价问题。某目标的实现，取决于若干个评价指标，评价指标组成因素集合；然后划分评价指标的优劣档次，形成评价集合；由若干个专家评定各指标的优劣档次，计算出各指标相对于评价档次的隶属度，从而组成评价矩阵；评价指标的权数矩阵通过模糊算子与评价矩阵计算，即可得出综合评价结果。利用该方法时，评价结果是否客观，准确，关键取决于模糊算子的选取，应仔细分析评价问题的性质，科学合理选择算法，才能得出令人信服的评价结论。

第二节　风险对项目成本控制的影响

一、成本风险识别方法的选择

表 5-1　风险识别方法的比较

方法	主要内容	优点	缺点
理论分析法	依据施工项目成本管理的原理逐项分析施工过程各阶段存在的风险。	指标全面、体系性较好	指标过多、不够精练

续表

方法	主要内容	优点	缺点
专家调查法	主要指德尔菲法。通过通信的方式征求专家意见	指标具有典型性，代表性	专家选择不当，容易具有片面性
核对表法	将过去工程项目成功和失败的经验汇总成表，以供同类项目参考使用	方便快捷，贴近实际	主要适用于同类型项目
情景分析法	根据已有的资料信息，设定未来遇到的各种情况，预判将来有可能发生的各种状况	指标全面灵便，定性与定量的指标的识别均可使用	具有一定的假设性，容易与实际脱节
标准化调查法	实际观察施工设备的操作行为，从中发现安全隐患。	风险全面，面面俱到	主要适用于设备操作风险的识别
初始清单法	对施工过程中遇到的各种风险进行整理分析，形成风险清单。	主要用于基本施工风险的识别	特殊风险识别有欠缺
经验数据法	利用已有的施工风险信息和经验来指导拟建施工项目的风险识别工作。	指标贴近实际	过分依赖经验，经常与其他方法配合使用

根据表5-1所示的不同方法的优缺点，为了确保成本风险识别工作更全面、更具代表性，本书选择了理论分析法和德尔菲法进行成本风险识别。

首先，采用理论分析法对施工过程中的各个环节进行系统梳理。这一方法的优势在于其能够提供对项目整体的全面分析，通过梳理项目施工过程中的每个环节和关键步骤，能够较为全面地识别潜在的成本风险。理论分析法能够基于理论模型和专业知识，对项目中可能存在的成本风险进行系统性地思考和分析，从而建立起初始的成本风险清单。

接下来，利用德尔菲法对初始成本风险清单进行进一步的筛选和优化。德尔菲法是一种专家调查技术，通过多轮循环的问卷调查和专家意见收集，以达成一致或接近一致的意见。在成本风险识别中，德尔菲法可以帮助去除不重要、不具代表性或不切实际的成本风险，从而建立起更为准确和可靠的最终成本风险清单。

通过以上方法的选择和结合，能够使得成本风险识别工作更加科学、全面和可靠。理论分析法为识别成本风险提供了理论依据和系统框架，而德尔菲法则通过专家意见的集成和筛选，进一步提高了成本风险识别的准确性和可信度。

二、施工项目成本风险分析

施工项目成本形成时间跨度较长，影响因素较多，这就决定了施工项目成本风险的多样性、复杂性、综合性，施工项目成本风险管理是一个系统工程，牵一发而动全身，任何一项风险的管理效果，都将影响到整体的风险管理水平。

通常,施工项目成本管理阶段可以划分为投标阶段、施工前准备阶段、施工阶段、竣工验收阶段、保修期。每个阶段对成本的形成都至关重要,都涉及若干个风险因素,只有对风险仔细梳理,认真识别,才可能提出有针对性的成本风险管控措施,真正达到降低成本,增加企业效益。

(一)投标决策阶段成本风险分析

在施工项目的投标决策阶段,工作质量对于项目成本目标的实现至关重要。投标阶段的成功与否直接决定了项目的先天条件,影响着企业在后续施工阶段的盈利能力和成本管理的实际可行性。这个阶段涉及一系列关键工作和风险点。

第一,在捕捉到招标信息后,企业需要进行是否投标的决策。一些企业可能会因为招标信息的存在而匆忙准备投标,却忽略了对具体情况的充分考量。这样的行为不仅会导致标书未能中标,还会增加企业的投标费用支出,增加了无谓的成本损失。

第二,一旦决定投标,制定投标策略就显得尤为重要。投标策略的选择直接影响着企业的中标率和施工项目的利润水平。企业需要权衡是否采用报高标还是低标、采用突然降价法、增加建议方案法、多方案报价法,或者不平衡报价法等策略。不同的策略选择将对企业的竞争力和项目利润产生直接的影响。

在中标后,合同形式的选择同样具有重要意义。可调单价合同、可调总价合同、固定单价合同、固定总价合同等合同形式的选择将直接影响到后续施工项目的预算控制和风险分担。例如,采用固定总价合同将使得施工单位在后期承担更多的风险,而采用可调单价合同则有利于施工单位的利益保障。

第三,合同条款的公平性和风险分担的合理性也是影响未来费用支出的重要因素。不公平的合同条款或不合理的风险分担可能会使得施工过程中出现纠纷和争议,进而导致额外的成本支出和延期。

(二)施工前准备阶段成本风险分析

在施工项目开工前的准备阶段,准备工作的充分与否直接影响着项目后续施工的顺利进行和成本目标的实现。该阶段涉及多个重要环节,其中主要风险点包括:

1.项目施工组织的设立与项目经理的委派

在准备阶段,确立项目施工组织并委派资深的项目经理是至关重要的。一个素质高、经验丰富的项目经理搭配一个高效的团队,是确保工程项目顺利进行和有效管理的先决条件。如果项目经理的工作能力不强,管理团队松散,将严重影响到成本风险的控制和项目的成功实施。

2.施工组织设计的编制

施工组织设计是指导施工准备阶段和施工阶段工作的重要文件，对项目实施全过程起着纲领性的作用。施工组织设计的编制质量将直接影响到成本风险的控制。其中包括施工方案、进度计划、资源供求计划、平面布置等内容，这些内容的优化和实际情况的符合程度，将直接影响到成本降低措施的有效实施。

3.成本管理体系的建立

成本管理体系是企业实行责任成本管理的基础。在准备阶段，企业需要建立完善的成本管理体系，包括企业层次和项目层次的责任成本管理机构，以及相应的运行机制和规范工作流程。体系的建立和运行质量直接影响到成本管理工作的效果和项目成本的控制。

4.成本管理体系内部工作的质量

成本管理体系的有效性不仅取决于体系的建立，还取决于内部各项工作的质量。例如，责任成本计划的编制和分解、责任成本的检查和考核等工作。计划的编制和考核的合理性直接关系到全员的成本管理积极性和主动性，而考核制度的科学与否则反映了成本管理的决心和力度。

5.合同交底和技术交底工作

在准备阶段，合同交底和技术交底工作也是至关重要的环节。合同交底需要明确施工过程中责任的划分和费用的归属，其质量直接关系到施工中纠纷的处理依据。而技术交底工作则直接影响到施工中的费用投入大小，越仔细的技术交底工作有利于成本风险的控制和项目实施的顺利进行。

（三）施工阶段成本风险分析

施工阶段是成本形成的主要阶段，因此加强施工阶段成本风险控制工作显得尤为重要。在这个阶段，时间长、不确定因素多，同时还存在野外作业等特殊条件，因此成本风险控制尤为关键。在施工阶段，主要的风险环节包括：

1.施工组织设计

施工组织设计是从计划角度对管理目标进行筹划的重要环节。然而，在实际施工过程中，可能会遇到各种问题，如工期目标、质量目标、安全目标的实现取决于对不确定因素的掌控。例如，无法按期完工可能会导致间接费用增加，而质量问题可能会引发返工返修费用和诉讼费用。

2.生产要素价格上涨

在实际施工过程中，生产要素的价格往往会超过投标时的价格水平。特别是材料费在建安工程费用中所占比例较高，如果不能有效控制价格增长带来的影响，成本增加是不可避免的。

3.工程量的增加

实际施工工程量往往会大于图纸工程量，如果不能公平公正地划分责任和合理分摊费用，成本增加是必然的结果。

4.业主的支付能力

业主支付能力的强弱直接影响到工程预付款是否到位、中期价款结算能否实现以及竣工结算能否按期支付。如果支付能力不足，施工单位需要大量垫资，增加了资金成本，降低了资金使用效率。

5.监理人员的能力和水平

监理对项目的实施进行管理，与监理的配合程度是否顺畅影响了施工的正常进行。监理的业务能力和经验与施工单位的配合程度直接影响着工程进度和成本控制的效果。

6.工程变更和索赔

工程变更和索赔在施工过程中是不可避免的。工程变更和索赔程序是否规范、处理是否公平公正直接影响到施工单位预算收入的增加。

7.工程分包合同的规范性

非主体工程的分包在施工中是常见的，但如果分包主体选择不当或分包合同存在瑕疵，都会影响施工单位成本目标的实现。

8.不可抗力事件的发生

施工过程中可能会遇到自然灾害、停电、停水、停气等不可抗力事件，这些都会增加施工单位的成本支出。

9.施工现场协调配合程度

施工现场各工序组织安排是否合理、平面布置是否科学以及施工现场班组组织形式的合理性都会影响费用支出的大小。

（四）竣工验收阶段成本风险分析

竣工验收阶段在项目成本管理中扮演着至关重要的角色，其管理质量直接影响到项目成本的最终控制和实现。虽然在一般思维模式中，成本风险控制的重点主要集中在施工阶段，但实践证明，竣工验收阶段的管理同样不容忽视。在这个阶段，主要的成本风险环节包括：

1.竣工验收工作的有序性和工作进度

竣工验收工作的有序性和进度对项目成本影响巨大。通常情况下，一旦施工完成，竣工验收工作可能会拖延数年之久。然而，这一拖延期间，管理费用仍在持续发生，项目成本仍在增加。时间越长，管理费用的累积越多，最终会导致成本费用的显著增加，而这一点往往被忽视。

2.竣工结算工作的及时性

竣工结算工作的及时性直接关系到工程竣工结算价款的到账情况。如果竣工验收工作无序，管理混乱，导致竣工结算资料迟迟无法提交，那么工程竣工结算价款也就无法及时到账。这不仅增加了企业的垫资资金成本，还损失了利息收入。因此，竣工结算工作的及时性对于项目成本的最终控制至关重要。

（五）保修阶段成本风险分析

在项目管理中，控制保修阶段费用支出对于全过程成本风险管理至关重要。然而，在实践中，施工单位常常存在错误的思想观念，忽视了保修阶段的重要性，导致了无谓的成本支出。在保修阶段，主要的成本风险控制环节包括：

1.建立保修责任制

保修责任制的建立对于将成本责任落实到位至关重要。只有建立了明确的责任制，才能够使保修费用控制成为保修人员的主动行为，提高保修费用控制的积极性。通过明确责任，施工单位可以更好地管理和控制保修阶段的费用支出。

2.保修期满后保修费用是否退还

根据规范要求，保修金应在竣工验收后一年内退还，最长不超过两年。虽然保修费用通常只占工程总费用的很小一部分，但如果工程规模庞大，该笔费用的绝对数量也是相当可观的。按期退还保修费用有助于减少资金占用成本，并考虑到资金的时间价值，按期退还更为重要。

3.保修期费用控制的规范性

在保修期内，每笔费用支出都应该经过计划、审批和校核程序。费用控制的程序是否规范和科学将直接影响到成本风险管理的效果。通过规范的费用控制程序，施工单位可以及时发现并纠正不合理的费用支出，从而降低成本风险。

三、施工项目成本风险清单的建立

（一）施工项目成本风险清单

施工项目的成本风险管理是一个复杂而重要的过程，涉及投标阶段、施工前准备阶段、施工阶段、竣工验收阶段和保修阶段等多个阶段。在每个阶段，都存在着各种不同的风险因素，它们可能对项目的成本造成不同程度的影响。投标阶段的成本风险主要包括招标信息获取和投标决策，不合理的投标决策可能导致投标失败和投标费用损失。在施工前准备阶段，成本风险主要涉及施工组织设计、成本管理体系建立和合同交底等，其中施工组织设计的质量直接关系到施工阶段的成本控制效果。施工阶段的成本风险则主要包括施工组织管理、生产要素价格上涨、工程量的增加、业主支付能力、监理人员的能力和施工现场协调配合程度等方面。在竣工验收阶段，保证竣工验收工作的有序进行以及及时的竣工结算工作都是关键，任何延误都可能导致额外的成本支出。最后，在保修阶段，建立保修责任制、保修费用是否及时退还以及保修期费用控制的规范性都是需要重点关注的成本风险因素。成本风险清单，见表 5-2 所示。

表 5-2　施工项目成本风险因素初始清单

目标	一级风险因素	二级风险因素
施工企业成本风险	投标阶段	项目信息缺失风险
		投标决策失误风险
		投标策略选择风险
		投标报价风险
		合同风险
	施工准备阶段	施工组织设计编制风险
		成本控制体系建立风险
		成本计划编制风险
	施工阶段	责任成本管理风险
		进度风险
		质量风险
		安全风险
		业主支付风险
		采购风险
		中期价款结算风险
		工程变更和索赔风险
		分包连带责任风险
		不可抗力风险
	竣工验收阶段	工程竣工结算风险
		竣工阶段工作进度风险
	保修阶段	缺陷责任期费用控制风险
		保修费用控制风险

（二）成本风险含义的界定

1. 项目信息缺失风险

施工企业在捕捉到招标信息后，应就招标项目的基本情况做到心中有数。只有如此，才能做出是否投标的正确决策。项目基本信息主要包括两个方面：一方面是项目本身的情况；另一方面是竞争对手情况。项目自身信息包括：项目属性、投资规模（总投资额）、建设结构形式、施工内容、建设地点、当地的气候情况，当地的经济状况、水文地质条件、交通是否发达、原材料到施工场地的距离、当地的资源条件等；竞争对手情况主要包括：参与投标单位的多少、企业规模、同类项目业绩、报价高低等。信息掌握程度直接关系到企业决策的正确性和策略的可行性。

2. 决策失误风险

决策失误风险在项目投标阶段尤为重要，因为错误的投标决策可能导致企业无谓的投标费用损失，并且影响到项目的盈利能力。在进行投标决策时，需要综合考虑多个方面的因素，以尽量减少决策失误的风险。

首先，企业在考虑是否投标时，需要评估项目中标后能否获得利润。与工业项目不同，结构工程项目的盈亏平衡模型并不像工业产品那样固定，因此需要建立某类结构工程的量本利模型。通过确定招标项目的结构类型，确定其盈亏平衡规模。若招标项目规模大于盈亏平衡规模，则投标后有望获得盈利；否则，应谨慎考虑不投标，以避免不必要的损失。

其次，需要综合考虑施工企业自身的情况。这包括企业是否熟悉招标项目的施工、是否拥有充足的技术力量和施工力量，以及是否能够满足招标项目的特殊要求等。此外，还需考虑项目本身的条件，例如资金是否充足、历史上业主和施工单位的合作情况、项目是否有特殊要求等因素。同时，竞争对手的情况也需要纳入考虑范围，包括竞争的激烈程度以及竞争对手的实力和资源情况。最后，还需要考虑工程所在地的特殊环保要求等因素。

3. 投标策略选择风险

投标策略的适当与否直接影响中标概率和未来的收益。施工企业应熟读招标文件，慎重考虑投标策略。在不平衡报价法、多方案报价法、增加建议方案法、突然降价法等策略中做出选择。如果投标策略运用不当，有可能直接废标或降低盈利水平。如有的企业采用不平衡报价法过于明显，致使评标过程中被直接废标。有的企业采用多方案报价法或增加建议方案法，而招标文件规定本身不接受两个以上的报价，所以直接造成废标。有的企业采用低利或无利投标，结果标虽然中了，给后续的施工造成了不利的影响。

4. 投标报价风险

投标报价是业主取费的上限，合理与否涉及中标的可能性和中标后项目利润的多少，所以，正确报价关系重大。正确的报价应该考虑评标规则做出，不应该随心所欲地调高或调低。另外，组价过程要符合规范要求，不要丢项；单价分析要合理，还要注意安全文明施工费、规费、税金属于不可竞争费用，调价时不做调整；报价做完后，应仔细审核，检查单价或合价的对应关系，切忌出现由于报价问题而废标的情况。

5. 合同风险

合同文本是制约双方行为的法律依据，应采用示范文本。但在实际签订合同时，业主利用自身的有利地位，往往通过非示范合同文本来转嫁自己的风险，如签订"阴阳合同"，选择有利于自身的合同类型（如不管工期长短，一概采用固定价格合同），合同条款不公平，合同责任界定模糊，合同条款不完善（选择性条款），这些违规操作，为合同的履行埋下了隐患。

6. 施工组织设计编制风险

施工组织设计编制阶段存在的风险对项目的施工和成本目标实现具有重要影响。这一阶段的主要风险包括：

（1）施工方案未进行方案比选

在选择施工方案时，往往过于偏重技术可行性，而忽视了经济上的合理性。这可能导致采用技术可行但成本较高的方案，从而增加项目的成本负担。

（2）进度计划未进行优化

进度计划的制定应该综合考虑成本、资源等多个要素，但有时未能充分考虑这些因素，导致进度目标不够合理，影响了项目的成本控制。

（3）资源供求计划编制事宜

在资源供求计划的编制过程中，如果没有考虑资源随着项目进度发展的需求规律，或者未采用成本最优化的订货模型，就难以实现资源的有效利用和成本的最小化。

（4）平面布置简单粗犷

施工现场的平面布置可能存在简单粗犷的情况，例如道路、料场的安排过于随意，经常发生变化。这种情况可能导致施工现场的混乱和效率低下，进而影响项目的施工进度和成本控制。

（5）施工现场工作衔接不顺畅

施工现场各项工作之间的衔接不顺畅可能导致窝工现象的发生，或者工期延误的频发。这可能是由于施工计划的不合理或者施工过程中的其他因素造成的，但都会增加项目的施工成本和风险。

7. 成本管理体系建立风险

建立健全的成本管理体系是实施成本风险管理的基础，但在建立过程中也存在着一些风险因素需要注意和应对。以下是成本管理体系建立过程中的主要风险环节：

（1）是否建立了企业和项目两级成本管理专门组织

在建立成本管理体系时，需要明确企业和项目两级成本管理的组织架构。风险在于是否能够建立起合理、高效的组织机构，以便实现对成本管理工作的统一管理和协调。如果组织架构不清晰或者组织职责不明确，可能会导致成本管理工作的混乱和低效。

（2）是否建立了成本管理运行机制

成本管理运行机制是指成本管理体系的运行方式和流程，包括成本数据的收集、分析、报告和反馈等环节。风险在于是否能够建立起科学、规范的成本管理运行机制，确保成本数据的准确性和及时性。如果运行机制不健全，可能会导致成本数据的失真和延误，影响成本管理决策的准确性和及时性。

（3）是否建立了考核机制

成本管理体系的建立还需要配套的考核机制，以评估成本管理工作的执行情况和效果。风险在于是否能够建立起科学、公正的考核机制，对成本管理工作进行全面、客观地评价。如果考核机制不公正或者不科学，可能会导致成本管理人员的工作积极性不高，影响成本管理工作的效果。

（4）是否制定了相关制度

成本管理体系的建立还需要制定相关的制度和规定，包括成本管理的政策、流程、标准和规范等。风险在于是否能够建立起完善、有效的制度体系，确保成本管理工作的有序进行。如果相关制度不完善或者执行不到位，可能会导致成本管理工作的混乱和失控，增加成本管理的风险。

8. 成本计划编制风险

成本计划的编制是成本管理体系中至关重要的一环，其质量直接影响到成本管理工作的效果和成本目标的实现。在编制成本计划的过程中存在着一些风险因素，需要进行合理地分析和应对：

（1）成本计划是否经过由上到下分解和由下到上论证的过程

成本计划的编制应该是一个逐级分解和逐步论证的过程，从整体到细节逐层分解，确保各级成本计划之间的一致性和连贯性。如果成本计划的分解和论证过程不够严谨和充分，可能会导致成本计划的不完整和不准确，影响到后续的成本控制和管理工作。

（2）直接成本是否纵向分解

直接成本是项目实际发生的直接支出，其纵向分解是成本计划编制的基础。如果直接成本的分解不够细致和全面，可能会导致项目成本的漏算和不准确，影响到成本控制和预算执行的效果。

（3）间接成本是否横向分解

间接成本是项目间接支出的总和，包括管理费用、间接材料费用、间接人工费用等，其横向分解是成本计划编制的重要内容。如果间接成本的分解不够清晰和细致，可能会导致项目间接成本的漏算和不合理，影响到项目的整体成本控制和管理。

（4）是否有具体的降本措施

成本计划的编制不仅要确定成本目标和成本分解，还需要制定具体的降本措施，以确保成本计划的可行性和有效性。如果成本计划缺乏具体的降本措施，可能会导致成本目标的难以实现，影响到项目成本的控制和管理效果。

9.责任成本管理风险

责任成本管理是成本管理体系中至关重要的一环，其规范与否直接关系到成本管理的有效性和落实情况。在实施责任成本管理过程中，存在着一些风险因素需要引起重视和应对：

（1）责任成本计划是否动态化

责任成本计划应当是一个动态的管理工具，需要根据项目实际情况和成本控制目标的变化进行及时调整和优化。如果责任成本计划过于静态化，不能及时反映项目的实际情况和变化，可能会导致成本控制的失效和目标的无法实现。

（2）责任成本管理是否实现闭环运转

责任成本管理应当是一个闭环的管理过程，包括责任成本的编制、分解、执行、监控和调整等环节，需要形成一个完整的管理闭环。如果责任成本管理过程中存在着环节失控或者信息断档的情况，可能会导致成本管理的混乱和失效。

（3）责任成本的对比和纠偏程序的严格性

责任成本的对比和纠偏程序是确保成本管理有效性的重要环节，需要建立严格的对比和纠偏机制，及时发现和纠正成本偏差。如果责任成本的对比和纠偏程序不够严格或者执行不到位，可能会导致成本控制的滑坡和目标的实现。

（4）考核是否流于形式

责任成本管理的考核是推动成本管理落实的重要手段，需要建立科学合理的考核体系，对责任成本管理的执行情况进行有效评价和监督。如果责任成本管理的考核流于形式，只是简单地强调指标的达标而忽视实际执行情况，可能会导致成本管理的失真和目标的无法实现。

10. 进度风险

进度风险在工程项目管理中是一个不可忽视的因素,其关系到项目的顺利进行和最终完成。单独考虑进度或成本往往是片面的,因为它们之间存在着紧密的对立统一关系。因此,在面对进度风险时,需要进行综合考虑和有效应对。

首先,当项目出现由于业主原因或不可抗力导致的进度延误时,施工单位需要评估延误对项目的影响,并根据合同约定和法律法规的规定,是否向业主提出工期索赔。在这种情况下,施工单位应当详细记录延误的原因和影响,并及时向业主提出索赔要求,以维护自身合法权益。

其次,如果是由于自身原因导致的工期延误,施工单位需要评估延误对项目的影响,并决定是否需要采取赶工措施。赶工不仅仅是简单地加快施工进度,而是需要经过充分的计算和评估。施工单位需要考虑赶工所需的额外资源投入、人力成本、材料费用等因素,并评估赶工可能带来的风险和成本增加。只有在综合考虑各种因素之后,施工单位才能够确定是否值得采取赶工措施,以尽量减少工期延误对项目的影响。

11. 质量风险

质量和成本是对立统一关系,单独考虑质量或单独考虑成本都是片面的。主要风险环节包括:第一,质量水平的确定是否合理;一般讲,高质量即意味着高成本,不考虑成本而片面追求高质量是错误的;反过来讲,通过降低质量水平达到降低成本的目的也是错误的,质量低所导致的返工返修费用不但不能降低成本,反而会使成本增加。第二质量事故出现后,是否认真查找原因,杜绝同类问题的发生。第三,是否加大预防成本投入,加强质量的常规管理。

12. 安全风险

安全和成本是对立统一关系,单独考虑进度或单独考虑成本都是片面的,增加安全管理前期费用投入,短期来看可能增加了成本,但从长期来看,可以减少安全事故发生后的直接损失和间接损失,总体来看,增加安全前期费用投入是合理的。主要风险环节包括:其一,是否有足够的安全管理费用投入;其二,安全管理水平如何。

13. 采购风险

项目施工所需的主要生产资料来源于采购,采购风险控制对项目成本风险控制的作用极大。材料费用占建安工程费用的 70% 左右,从某种意义上讲,降低采购风险就等于控制住了成本风险。采购的风险环节主要包括:其一,生产要素的价格变动;其二,供货商断供或不能按时供货,造成施工单位缺货损失;

其三，采购的货物或质量或规格与要求不相符合；其四，运输环节引起的供货延误。

14. 业主支付风险

按规定拨付工程价款是施工项目得以正常进行的先决条件，业主不能及时足额支付对施工单位成本管理影响极大。试想：如果业主不能按照约定支付预付款，工程结算价款，其后果是需要施工单位大量垫资，对施工单位来讲，在建工程有若干个，由于各种原因每个项目资金垫付是有限度的，资金垫付将影响施工企业资金的流动性，还会增加资金成本进而加大成本费用。一旦出现不能垫资的情况，施工项目的进度必将受到影响，施工项目管理目标也不能实现，还可能发生不必要的纠纷。

15. 中期价款结算风险

中期价款结算的延迟可能会对施工项目的成本管理造成不利影响，因此需要注意并及时应对可能出现的风险。延迟结算的原因可能包括多种因素：

首先，施工单位可能未能按照合同规定的时限提交中期价款结算报告。这可能是由于施工单位内部管理不善或者工作流程不够规范所致，导致了结算资料的准备和提交延迟。

其次，即使提交了结算资料，但可能存在资料不完整、不符合要求的情况。这可能是由于施工单位未能充分理解合同约定的要求，或者未能及时整理和准备相关资料，导致提交的结算资料存在缺漏或不符合规定，从而被发包人拒收或需要进行修改。

最后，可能是发包人拒收结算资料或者寻找各种借口拖延评审的情况。这可能是由于发包人方面的管理不善、内部流程繁琐，或者对施工单位存在不信任等原因所致，导致了中期价款结算的延迟。

16. 工程变更、索赔风险

在施工过程中，工程变更和索赔事件的发生频率较高，对项目的成本和进度管理产生了重要影响。工程变更的风险主要体现在变更资料的完整性和签证程序的规范性方面。首先，如果变更资料不完整，或者签证文件不全，可能导致变更请求被拒绝或延迟处理，从而增加了施工单位的工作量和成本。其次，处理变更的程序是否符合法定要求也是一个重要的风险因素，如果处理程序不合规范，可能会导致变更被否认或者索赔过程中出现纠纷。

而索赔的风险则主要包括责任界定不清、资料不完整、费用计算争议、时限要求未能满足以及业主处理索赔不合理等方面。首先，责任界定不清可能导致索赔的提出变得模糊不清，造成双方争议的产生。其次，索赔所需的资料缺乏完整性，或者原始签证存在瑕疵，都会影响索赔的合法性和有效性。另外，索赔的费用计算是否能够达成共识也是一个重要问题，如果双方无法就费用进行有效协商，可能会导致索赔的激烈争议。此外，索赔的提出是否超过了合同约定的时限要求也是一个风险因素，如果超过了时限要求，索赔可能会被拒绝或者无法得到及时处理。最后，业主处理索赔事务的方式是否合理也会直接影响索赔的处理效果，如果业主未能按照合同约定处理索赔业务，可能会导致施工单位的权益受损。

17. 分包连带责任风险

在我国建筑分包市场发展尚不完善的情况下，施工单位若选择将部分非主体工程进行分包，则必须承担由此所带来的一系列风险。根据法律法规的规定，总包单位和分包单位对于分包工程的质量和安全承担着连带责任。这种连带责任的存在使得施工单位在选择分包商时必须格外谨慎。

首先，分包单位发生质量或安全事故可能会对整个工程造成严重影响。如果分包商未能按照约定标准完成工程，导致工程质量不达标或发生安全事故，将给总包单位带来不可预知的损失和责任。这种风险可能包括重新施工、赔偿业主和其他相关方等方面的成本和法律责任。

其次，分包单位拖欠职工工资可能会给总包单位带来负面影响。如果分包商拖欠了工程人员的工资，可能会导致劳资纠纷、工人罢工等问题，从而影响施工进度和工程质量，甚至会导致工程停滞和迟延交付，增加了总包单位的管理难度和风险。

另外，分包商将工程再次分包可能会加剧风险。如果分包商将原本已分包给他的工程再次分包给其他分包商，可能会导致施工过程中的责任界定模糊、施工质量下降等问题，增加了总包单位的管理难度和工程风险。

最后，分包商采用材料以次充好等非法行为也可能给整个工程带来负面影响。如果分包商使用劣质材料或采取不合规的施工方法，可能会导致工程质量问题、安全隐患等，从而增加了总包单位的风险和责任。

18. 不可抗力风险

所谓不可抗力是指客观存在的，不以人的意志为转移的风险事件。通常遇到的不可抗力风险主要包括：异常恶劣天气如特大的暴雨、泥石流等，社会动荡引起的施工物资短缺、交通运输系统瘫痪等，不可抗力发生后费用增加应由施工单位承担。

19. 竣工验收工作进度风险

在施工项目的竣工验收阶段，一些企业存在着错误的观念，错误地认为竣工验收工作的进度对项目的费用支出影响不大，因此可能导致该阶段工作的无限期拖延。然而，事实上，竣工验收阶段的工作进度对成本节约具有重要意义。这一阶段的工作进度不仅影响着工程项目的最终完成时间，还直接影响着成本费用的结转和管理。

首先，如果未能编制竣工验收工作进度计划，就会导致工作无章可循，无法有效地进行管理和控制。没有明确的进度计划，将使得各项工作难以有序进行，可能会出现重复、遗漏等问题，从而增加了项目的成本支出。

其次，如果各项工作责任人不明确，也会导致竣工验收工作进度的延误。责任人的不明确可能会造成工作责任不清晰，缺乏有效地监督和执行，进而影响工作的推进和完成。

此外，工作混乱、缺乏明确的程序也是竣工验收工作进度风险的重要因素之一。如果工作进行时缺乏明确的程序和规范，可能会导致工作的拖延和混乱，增加了项目的成本支出。

最后，竣工验收所需资料不齐全、底数不清，以及在业主提出异议后再去补充资料，也会增加竣工验收工作进度的风险。如果在验收过程中缺乏完备的资料支持，可能会导致验收结果的延迟和工作的重新开展，从而增加了项目的成本支出和风险。

20. 竣工结算风险

竣工结算阶段在施工项目的整个周期中具有至关重要的作用。竣工结算价款是项目预算收入的上限，其及时、准确地确定对于评估项目的盈亏以及实际成本具有关键意义，直接关系到施工单位的经济效益和资金运转情况。然而，该阶段也存在着一系列的风险因素，可能会对项目的成本控制和资金运转产生不利影响。

首先，竣工结算价款是否存在缺项，以及是否包括所有施工内容的造价是竣工结算阶段的主要风险之一。如果竣工结算价款存在缺项或未完全涵盖所有施工内容的造价，就可能导致项目成本的未充分计算和评估，从而影响到项目的经济效益和成本控制。

其次，竣工结算款是否能按照合同约定及时到账也是一个重要的风险因素。如果竣工结算款无法按时到账，将会影响施工单位的资金运转，可能会导致资金周转困难、增加资金成本，甚至影响到项目的后续发展和运营。

21. 缺陷责任期费用控制风险

缺陷责任期是施工项目竣工验收之日起到保修金退还的一段时间，对于项目的质量和后期维护至关重要。在这一阶段，存在着一系列的费用控制风险，需要施工单位和相关责任方注意。

首先，建立责任制是缺陷责任期费用控制的关键。缺陷责任期内，必须明确各方的责任和义务，建立起有效的责任追究机制，以确保各项工作的有序开展和质量的保障。如果责任制不够明确或存在模糊不清的情况，可能导致责任推诿和工作混乱，进而影响到缺陷责任期费用的控制和管理。

其次，缺陷责任期工作的有序性对于费用控制至关重要。在缺陷责任期内，需要保证工作的有序进行，及时发现和处理项目中存在的缺陷和问题，以确保项目质量和用户满意度。如果工作不够有序或存在混乱，可能会增加费用支出，甚至影响到后期的维护工作。

再次，缺陷责任期的服务质量也是费用控制的重要方面。在这一阶段，需要提供高质量的售后服务和维修保养，以满足用户的需求和要求。如果服务质量不达标或存在问题，可能会导致额外的费用支出和用户的不满意，进而影响到项目的整体成本控制和形象。

最后，保修金是否按期返还也是缺陷责任期费用控制的关键。保修金是作为项目竣工验收的一部分，如果不能按时返还给业主，可能会导致施工单位面临资金压力和损失，增加资金成本，并可能引发法律纠纷和信誉风险。

22. 保修期费用控制风险

保修期是施工项目竣工验收之后至保修期结束的阶段，在这段时间内，有效的费用控制至关重要。其中，主要的风险因素包括建立保修责任制、费用支出审批程序以及保修期服务质量。

首先，建立明确的保修责任制是保修期费用控制的基础。在保修期内，需要明确各方的责任和义务，确保相关责任人员清楚自己的工作职责，以便及时处理可能出现的问题和缺陷。如果保修责任制不够明确或存在模糊不清的情况，可能会导致责任推诿和工作混乱，增加不必要的费用支出。

其次，费用支出审批程序需要严格执行。在保修期内，所有的费用支出都需要经过审批程序，确保符合合同约定和相关规定，同时避免因为不合理的费用支出而增加项目的成本。如果审批程序不够规范或存在问题，可能会导致费用的不合理支出，进而影响到项目的经济效益。

保修期服务质量直接影响到项目的成本控制。在这一阶段，需要提供高质量的售后服务和维修保养，以满足用户的需求和要求。如果服务质量不达标或存在问题，可能会导致额外的费用支出和用户的不满意，进而影响到项目的整体成本控制和形象。

第三节 风险管理在工程项目投资决策中的应用

工程项目施工是施工企业获得经营成果的源泉，而项目施工要历经投标阶段、施工前准备阶段、施工阶段、竣工验收阶段、保修期，所以，施工前预先识别各个阶段的成本风险，并制定有针对性的风险控制对策，是施工企业成本管理的核心任务，也是企业增加效益的有效途径。

一、投标阶段控制对策

通过投标获得施工任务是施工企业经营工作的主要方式，所以施工项目成本管理的起点应该是投标阶段，投标阶段风险管理对施工项目成本风险管理意义重大，招标项目是否应该投标，采取什么策略投标以及报高价还是报低价直接影响了项目的成本进而对施工项目的效益造成影响。

（一）招标项目信息掌握充分

充分掌握招标项目信息是投标过程中至关重要的一环，它直接关系到投标决策的科学性和成功的概率。为了有效降低盲目性，提高决策的科学水平，需要进行充分的信息搜集和分析工作。

第一，通过仔细阅读招标公告，可以获取到招标项目的基本信息。这包括项目的建设地点、建设规模、资金来源以及结构类型等方面的基本情况。这些信息对于投标方了解项目的背景和基本要求至关重要，有助于制定合理的投标策略和方案。

第二，需要查阅建设地点的水文、地质、气候、交通等情况。这些环境因素对于项目的实施和成本控制都具有重要的影响。通过了解地质情况可以评估施工风险，了解气候情况可以合理安排施工计划，了解交通情况可以评估物资运输的成本和时间等。综合考虑这些因素，可以更好地把握项目的实际情况，准确评估项目的可行性和风险。

第三，还需要了解当地原材料的供应情况以及当地劳动力供应情况。原材料和劳动力是施工项目中不可或缺的要素，对于投标方来说，了解当地的原材料供应情况可以评估项目的成本和施工周期，了解当地劳动力供应情况可以评估项目的施工力量和成本。因此，通过充分了解这些信息，投标方可以更好地制定施工计划和资源配置方案，提高项目的竞争力和盈利能力。

（二）投标决策科学化

投标决策的科学化是确保企业在投标过程中能够做出正确、合理的决策，以最大限度地提高中标的可能性并保证项目的盈利空间。这需要从多个层次进行考量和决策，以确保投标决策的科学性和可行性。

首先，在投标决策中，对于招标项目的规模是一个关键的考虑因素。企业应该根据自身的盈亏平衡模型，确定招标项目应达到的最小规模。这可以通过历史资料和盈亏平衡模型的分析，计算出企业所需的最小规模。如果招标项目的规模超过了企业所需的最小规模，则企业可以确定投标，否则应该谨慎考虑是否投标，以避免项目先天不足，导致项目亏损。

其次，在投标决策中，综合考虑招标项目的各种情况以及企业自身的实际情况是非常重要的。企业需要考虑招标项目的实际情况、业主的情况、竞争对手的情况以及企业自身的竞争能力等因素，综合评估是否具备投标的条件。这需要进行全面的市场调研和数据分析，以确保做出的决策是基于充分的信息和理性的判断。

最后，在确定投标后，企业需要认真编制投标文件，并对投标报价进行决策。投标报价是中标的关键因素之一，因此需要进行仔细的分析和决策。企业可以利用决策树等方法，根据历史资料和风险评估，对不同的投标方案进行利润和风险的评估，以确定最合适的投标报价。这需要考虑成本、利润、市场竞争情况等多方面因素，并进行合理的权衡和决策。

（三）投标策略合理化

合理的投标策略对于确保项目中标和维护企业利润至关重要。在制定投标策略时，可以考虑采用突然降价法和不平衡报价法，但需要注意合理测算最低可接受价格和控制价格波动范围。

突然降价法是一种常见的投标策略，但企业必须谨慎使用。在实施突然降价法时，企业应该认真测算可接受的最低价，而不是盲目追求中标而降低价格。过度降价可能导致利润率不足以覆盖成本，甚至可能造成亏损。因此，企业应在投标截止日前适时确定最低价，并确保报价合理，避免过度竞争和损害自身利益。

另一种常用的投标策略是不平衡报价法。在使用不平衡报价法时，企业需要确保报价高低都不超过实际造价的10%。超出这个范围的报价可能会被认为是不合理的，降低中标率甚至导致废标。因此，企业在制定不平衡报价策略时，应注意控制价格波动范围，避免过度高估或低估项目成本。

（四）报价要全面、合理

企业在拿到招标文件后，需要进行全面、合理的报价，确保报价的准确性和合理性。为此，应该采取以下措施：

首先，核量工程量。尽管工程量由业主给出，但施工单位必须对其进行核实，以确保准确性。如果发现量差，应书面向建设单位提出，并与业主协商解决。

其次，处理不可竞争费。安全文明施工费、规费和税金等费用不能随着总价的调整而调整，应在报价中按照规定进行明确的列示和计算，以确保报价的公正性和合理性。

最后，处理总包服务费。在报价中，业主所报的总包服务费应小于或等于给定的值。施工单位在制定报价时，应根据招标文件规定的服务费标准进行合理计算，确保总包服务费不超出规定范围。

（五）降低签约风险

为了降低签约风险，施工企业可以采取以下措施：

1. 建立合同管理机制

施工企业应当成立专门的合同管理机构，负责合同的起草、审核、执行和监督，确保合同的合法性和规范性。

2. 选择合适的签约文本

施工企业可以选择合同示范文本作为签约文本的蓝本，以确保合同的合理性和公平性。

3. 仔细阅读合同文本

在签订合同之前，施工企业应仔细阅读和理解合同文本，深刻理解业主提出的所有要求，并掌握其真正的含义，以避免合同纠纷的发生。

4. 制定谈判策略和技巧

在谈判过程中，施工企业应制定合适的谈判策略和技巧，以保护自身利益，并在谈判中达成有利的合同条款。

5. 严格过程管理

施工企业应严格执行合同论证制度，规范洽谈、审查、批准程序及权限，确保合同的合法性和有效性。

6. 动态控制合同履行过程

签约后，施工企业应对合同的执行过程进行动态控制，进行分析、合同交底、合同跟踪、合同偏差原因分析和纠偏，及时发现和解决问题，确保合同顺利执行。

二、项目施工准备阶段控制对策

施工准备阶段主要是为施工阶段进行组织准备、文件准备和技术准备的阶段，它决定了施工阶段成本风险管理力度有效性。

（一）提高施工组织设计编制水平

施工组织设计是对项目实施的总体规划，其质量直接影响到成本管理水平。为了降低成本风险，应做好以下工作：

1. 进行目标间的综合优化

在进行施工组织设计时，应该对各项目标进行综合优化，找出最符合项目要求的解决方案。

2. 进行多方案比选

施工企业应该对施工方案进行多方案比选，通过技术经济分析，选择出最优方案，以确保施工的效率和质量。

3. 优化进度计划

在编制进度计划时，要进行进度、成本和资源的优化，以确保施工进度合理、成本可控、资源充分利用。

4. 实施经济订购批量

在原材料和设备的订货供应过程中，应根据经济订购批量的原则来实施，以降低采购成本。

5. 合理规划场地布置

在施工现场的场地布置过程中，应合理规划，减少二次搬运费用，提高施工效率。

（二）成本控制体系的建立和运行的规范化

为了建立和规范成本控制体系的运行，施工企业需要采取一系列有效措施。首先，必须建立一个专门负责成本管理的领导机构，确保成本管理工作得到有效领导和协调。这个领导机构应该具有权威性和决策权，能够有效推动成本管理体系的建立和运行。

其次，需要规范成本管理的运行程序。建立一个清晰的运行流程，包括成本计划的编制、实施、实际值和计划值的对比、纠偏和奖惩兑现等环节。这样的循环程序可以确保成本管理的持续性和有效性，使成本控制工作成为一个有条不紊的过程。

第三，需要编制相应的成本管理制度。这些制度包括成本基础资料收集制度、成本计划编制制度、成本考核制度、成本信息反馈制度、成本分析制度等。通过制度的规范化和标准化，可以确保成本管理工作的规范性和高效性。

第四，需要将主动控制和被动控制相结合。主动控制是指通过提前预防和管理，避免成本超支和浪费；被动控制是指对已发生的成本进行监控和调整。通过主动控制和被动控制相结合，可以有效地降低成本风险，提高成本控制的效果。

最后，需要制定可操作的降本措施。这些措施可以包括优化资源配置、提高劳动生产率、降低材料成本、优化供应链管理等。通过实施这些降本措施，可以有效地降低项目成本，提高企业的竞争力。

（三）成本计划编制动态化

在成本计划的编制过程中，动态化原则至关重要。动态化成本计划的编制意味着随着项目的进行和情况的变化，不断对成本计划进行调整和优化，以确保其与实际情况保持一致，并及时应对各种可能的变化和挑战。

首先，动态化成本计划要求在计划成本的确定和分解过程中考虑项目的实际情况和可能的变化。这意味着成本计划的编制不能仅仅是一次性的、静态的过程，而应该是一个持续不断的、动态的过程。在编制成本计划时，需要充分考虑项目的特点、所处的环境以及可能的风险因素，确保计划成本能够充分反映项目的实际情况。

其次，动态化成本计划要求在确认计划成本的同时制定切实可行的措施。这意味着成本计划的编制不仅要考虑项目的理论情况，还要考虑到实际操作的可行性和可实施性。在确定计划成本的同时，需要制定相应的措施和策略，确保成本计划的实施能够顺利进行，达到预期的成本控制目标。

最后，动态化成本计划要求在整个项目周期内持续跟踪和调整。这意味着成本计划的编制不是一次性地结束，而是一个持续的过程。在项目的实施过程中，需要不断跟踪成本的执行情况，及时发现和解决问题，对成本计划进行动态调整和优化，以确保项目的成本控制目标得以实现。

三、项目施工阶段控制对策

（一）责任成本管理制度化、规范化

责任成本管理体系只是为成本管理建立了制度框架体系，其能否落到实处关键取决于其管理的严格性。其体现为：计划编制的规范化、运行的规范化、定期进行检查对比、反馈制度化、纠偏程序化、考核兑现要到位。

（二）避免工期延误进度

避免工期延误的方法有很多，其中包括以下几种规避措施：

首先，可以考虑改变工序间的逻辑关系。有时候，原定的工序顺序可能不够合理或者存在瓶颈，这时可以通过调整工序的顺序，将原本的顺序作业转换成流水作业或者平行作业。这样可以有效地缩短整体工期，降低工期延误的风险。

其次，如果无法改变工序间的逻辑关系，可以考虑进行网络计划的优化。通过优化网络计划，可以找到工序间的最优排列顺序，使得整体工期更加紧凑，从而减少工期延误的可能性。这需要结合实际情况，合理安排工序的排列顺序，以确保项目能够按时完成。

最后，作为一种备选方案，可以考虑工期索赔。如果工期延误是由于业主或其他合同方的原因导致的，施工单位可以根据合同约定向业主提出工期索赔，以补偿因工期延误而造成的损失。但需要注意的是，索赔过程可能会耗费时间和精力，而且并不一定能够得到满意的结果，因此应该将工期索赔作为最优的选择。

（三）严格质量控制程序

质量控制程序的严格执行对于施工项目的成功至关重要。质量风险一方面会增加成本，另一方面可能会导致工程质量问题，进而产生返工返修费用，从而进一步增加成本。为了规避这些风险，需要采取以下措施：

首先，确定合理的质量水平。在项目开始阶段，应该明确项目所需的质量水平，并将其作为质量控制的基准。这样可以确保施工过程中的质量符合预期，并有效地降低成本。

其次，编制质量计划。质量计划应该明确规定各项工作的质量要求、责任人、检查方法等内容，以确保施工过程中的质量得到有效控制和管理。

第三，严格执行"自检—专检—复检"程序。在施工过程中，应该建立起严格的质量检查制度，包括工人自检、专业人员检查和复查，确保每个环节的质量得到充分地保障和监督。

最后，适当增加预防费用，降低返工返修损失。预防费用包括对材料、设备等的选择和采购、培训工人等方面的投入，通过提前投入，可以有效地降低施工过程中出现质量问题的可能性，从而减少返工返修的费用支出。

（四）规范安全管理

规范的安全管理对于施工项目的成功至关重要。安全事故的发生不仅会导致直接经济损失，还可能引发间接损失，进而增加项目的成本。为了有效防范安全风险，施工企业应采取以下措施：

首先，建立健全安全生产责任制。明确各级管理人员和施工人员在安全生产中的责任，强调安全生产的重要性，并将安全生产作为全员参与、全员负责的重要工作内容。

其次，制定并执行严格的安全操作规程。制定详细的安全操作流程和标准，明确工人在施工过程中应该遵守的安全操作规范，确保施工作业的安全进行。

第三，保证安全生产投入。充分投入安全生产方面的资源，包括安全设施、安全培训、安全检查等，确保施工现场的安全条件得到充分保障，降低安全事故发生的可能性。

最后，编制和演练应急预案。针对可能发生的安全事故，制定详细的应急预案，并进行定期演练，提高应对突发事件的应变能力，最大限度地减少安全事故造成的损失。

（五）加强业主支付管理

加强对业主支付管理的控制是施工项目管理中不可或缺的一环。业主支付延迟或无法支付给施工单位带来的额外支出可能会对项目造成严重影响，因此，施工单位需要采取一系列措施来防范此类风险：

首先，加强信息收集和风险评估工作。通过对业主的资信情况、支付记录等信息进行全面梳理和评估，及时发现可能存在的支付风险，并据此作出相应的风险决策。

其次，在签订合同时，应当增加业主支付担保条款。通过在合同中明确规定业主需提供支付担保或支付保函等形式的担保措施，以确保施工单位的应收款项得到及时支付。

施工单位还可以利用法律手段来维护自身权益。在面临业主支付延迟或无法支付的情况下，及时启动法律程序，采取法律措施保护自己的权益，例如通过法律诉讼途径解决支付纠纷。

（六）精准采购和现场材料管理制度化

为了精准采购和规范现场材料管理，施工项目可以制定以下制度和采取相应的措施：

首先，优选材料供应商是确保材料质量和成本控制的关键。针对不同的材料和采购金额，可以采取招投标、询价、竞争性谈判等方式选择合适的供应商，以确保材料来源的可靠性和价格的合理性。

其次，施工单位可以编制材料供应计划，根据项目需求和材料特性，统筹安排材料的订购和供应，以实现经济订购批量，降低采购成本，并确保材料的及时供应和库存控制。

同时，施工单位应加强对材料使用前的用料交底工作，确保施工人员对材料的使用方法和要求有清晰地了解和掌握，以减少材料的浪费和损耗。

最后，余料回收是提高材料利用率和降低浪费的重要措施。施工单位可以建立有效的余料回收制度，对于项目中产生的余料和废料进行及时回收和合理利用，以降低项目成本并减少资源浪费。

（七）强化价款结算工作

为了加强价款结算工作，施工单位可以采取一系列措施来缩短结算时间，提高效率：

首先，施工单位应在日常工作中注意及时收集、整理结算所需的相关资料，确保资料的完整性和准确性，避免由于资料不全或不完善而导致结算工作延迟。

其次，按照合同约定，及时提交符合要求的结算资料。这包括确保结算资料的准确性、规范性，并按照合同规定的时间节点提交给相关方，以确保结算工作能够顺利进行。

第三，结算价款应当全面包括增减账、变更和索赔费用等相关内容，确保结算金额的准确性和全面性，避免因漏报或计算错误而导致的额外纠纷和延误。

最后，施工单位可以督促监理或建设单位加快相应工作，例如加快审核结算资料、提供必要的支持文件等，以促进价款结算工作的顺利进行和及时完成。

（八）建立健全变更和索赔制度

为了有效管理工程变更和索赔，施工单位应建立健全的制度，以降低相关成本风险。首先，施工单位需要加强对变更和索赔资料的收集和管理，及时签署相关的签证文件，确保所有变更和索赔都得到合理地处理。其次，施工单位应按照合同约定的时间表，及时开展变更和索赔相关工作，避免因延误而导致的额外损失。同时，施工单位在处理索赔时，可以尽量采用单项索赔的方式，即针对单一问题进行索赔，以便更加清晰地确定责任和计算索赔金额，从而降低混乱和纠纷的可能性，有效控制成本风险。通过建立健全的变更和索赔制度，施工单位可以更好地管理项目变更和索赔事务，确保项目顺利进行并最大限度地降低相关成本风险。

（九）加强分包管理

为了有效降低分包管理所带来的成本管理风险，施工单位需要采取一系列措施加强对分包工作的管理。首先，施工单位在选择分包商时应该进行严格的评估和筛选，优先选择具有良好信誉和专业能力的分包商，以确保施工质量和工程进度。其次，在分包合同中，需要明确双方的责任和义务，确保各方的权益得到充分保障，避免出现责任不清晰的情况。此外，为了有效监督和管理分包工作，施工单位应派遣专人常驻分包单位现场，进行协调和管理工作，及时解决可能出现的问题，确保分包工作的顺利进行。通过加强分包管理，施工单位可以有效降低由于分包选择不当而导致的成本管理风险，提升项目的整体执行效率和质量水平。

（十）降低不可抗力风险

为了有效降低不可抗力所带来的风险，施工单位可以采取一系列措施来规避其影响。首先，可以通过查阅当地的历史资料，对不可抗力事件的严重程度和发生概率进行评估，以便及时做好准备和预防措施。其次，施工单位应该编制详尽的应急预案，并定期进行演练和验证，以确保在不可抗力事件发生时能够迅速、有效地应对，最大限度地减少损失和影响。此外，在签订合同时，应严格界定不可抗力发生后的责任分担问题，明确各方的责任和义务，以确保各方能够公平合理地应对不可抗力事件可能带来的影响。通过这些措施的有效实施，可以有效降低不可抗力风险的影响，提高项目的整体风险管理水平。

四、海洋工程项目风险管理案例

在海洋石油工程项目中，风险管理扮演着至关重要的角色。下面将通过一个实际案例，探讨风险管理在海洋石油工程项目中的应用。

（一）案例背景

某能源公司计划在海洋上开展一个深水钻井项目，旨在探明海底油气资源储量。该项目涉及海洋环境、船舶、技术设备等多个方面，面临着诸多潜在风险。

（二）海洋石油工程项目风险识别步骤

风险辨识不仅是进行风险管理的首要步骤，也是风险评价、风险分析的重要依据，同时也对风险管理的有效性和可靠性产生很大的影响，可以判断出潜在的风险事件和风险因子。在油气开发中，风险的辨识是一个比较复杂的过程，它所牵涉到的影响因素很多，如果不能很好地解决，就会影响到海洋石油工程项目建设与发展。

1.确认不确定性的客观存在

尽管海洋石油工程项目的风险涉及多种不确定因素，但并非所有不确定因素都可以被确认为客观存在的。因此，在进行风险管理时，不能简单地依赖以往的经验或模式。同时，一些不确定因素的确存在，但由于资料不足或未能充分搜集到相关信息，可能会导致对潜在危险的错误判断。

因此，海洋石油工程项目的风险管理人员必须全面收集相关资料，并对其真实性进行验证，以尽量减少对危险因素的误判。只有通过准确地评估和分析潜在风险，才能制定出更为有效的风险管理策略，并在项目实施过程中做出及时的调整和应对措施，确保项目顺利进行并最大限度地降低潜在风险的影响。

2. 预测风险事件结果

风险发生的本质是在目前的环境状况下，由危险因子转化为危险的概率。一般来说，可以从微观层次和宏观层次对各种可能发生的情况进行综合分析。特别要指出的是，在对危险事故的后果进行预测时，一定要进行全面比较和辩证思考，不仅要把它所产生的看得见的损害和它所产生的"看不见的损害"进行明确对比分析，最关键的是在某些情况下，"看不见的损害"可能会超过"看得见的损害"，所以要特别注意。

3. 风险分析

在海洋石油工程项目中，存在多种类型的风险，因此必须对其进行细致分析和总结，以制定切实可行、合理科学的投资决策。在进行风险分析时，不仅需要考虑时间和工期的间隔，还需要全面分析各种风险因素，包括风险应对策略、风险后果和风险内涵等。

通过对风险类型和级别进行分析，可以帮助项目管理人员更好地了解潜在风险的性质和影响程度。这种分析有助于确定项目面临的主要风险来源，并为制定相应的风险管理策略提供重要依据。同时，对风险因素进行全面分析还能帮助项目团队更好地识别和理解潜在风险事件的发生机制，从而更有效地应对和管理这些风险。

4. 建立风险目录摘要

制定《风险目录》，主要目标是为了更好地处理和防范风险。在构建风险分类汇总时，一般根据风险大小、轻重缓急等因素进行排序，构建风险管理的响应和风险管理的资源分配机制。在海洋石油工程项目建设中，随着海洋石油工程项目建设的不断发展，风险管理者必须跟上时代步伐，不断更新《危险目录》，以便应对不同时期类型风险，满足工程建设要求，促进海洋石油工程项目持续发展[1]。

1　李金富，宋海，王贝，等. 浅析项目风险管理方法及在海洋石油工程项目中的应用 [J]. 中国石油和化工标准与质量，2020，40（01）：145-146.

（三）项目风险管理方法在海洋石油工程项目中的应用措施

1. 投资风险及其控制

在工程项目的风险管理中，投资风险的管理是一个非常关键的环节。在这个过程中，必须有一个明确的投资目标，实际落实管理工作时，可以将其作为一个控制目的来进行。具体施工过程中，施工图的编制是对施工过程进行的控制，从项目启动到竣工验收结束，这一点在施工企业的整个进程中都是非常重要的，在项目的整个进程中，投资的关键应该放在前期，尤其是要强化方案设计的阶段。在这个过程中，设计阶段的重要性超过了 75%，而工程造价的高低，直接关系到工程造价的高低，如所投入的人力、物力和财力的多少等。海洋石油工程的投入从几亿到几十亿不等，这是一笔庞大的投入，但因为石油工程的施工时间比较久，所以在这个阶段，市场会发生一些改变。对此，在这个过程中，设备和材料的价格会发生上涨，再加上一些自然灾害和突发事件（例如，台风、雾霾及新冠疫情影响等）都会对整个工程项目的整体预算产生一定的影响，所以，强化对投资的风险进行管理非常重要。

在海洋石油工程建设中，对其采用的风险管理是一种新的管理模式。它的基本思想就是，将规划的投资看作是一个项目的目标，但是因为种种风险，必然会造成执行中的一些偏离，然后将真实的投入和规划投入进行对比，经过对比，找到偏离的数值，再对偏离的成因，也就是风险因子进行分析，然后制定相应的对策来进行修正。在整个工程中，方案设计是一个非常重要的环节，根据相关数据的分析，采用科学、合理的方案，可以使整个方案的成本下降5% ~ 10%，有的时候甚至达到20%。在海洋石油工程的建设过程中，其最大的风险来源是单位与设计者，所以，关键是要掌握好施工方案、施工路线、控制好方案的选择以及关键设备的选择和特殊材料的选用。此外，要想保证项目的顺利进行，必须有一定的资质和技术水平，以保证项目的顺利进行，同时，在施工方案的实施过程中，应引进专业的顾问机构进行工程建设，以降低项目的投资风险。

2. 进度风险及其控制

进度风险控制是在海洋石油工程施工过程中，对各类风险进行预测和识别后，制定和审核进度计划，在执行过程中，通过合适的方式，定期对工程的进度进行跟踪和检查，并与计划进度进行对比，发现二者的偏差，并组织、指导、协调和监督监理单位、承包商和有关各方，对引起偏差的各类风险因素进行分析和评价，对项目的进度计划安排进行及时地修正。项目的进度风险是一个持续的循环，直到按照预定的时间节点，即合约规定的时间节点按时完工为止。建设进度受诸多风险因素影响，主要包括：自然风险、人员风险、工程变更风险。

（1）自然风险

其原因有二：一是自然环境的复杂多变；如果不能正确地估计相关数据情况，如水库的变化，岩性的不均一性，就会对建设造成一定的影响。二是局部地区还会发生百年难遇的气候变化，水文变化，甚至洪水、雪灾、地震等自然灾害。

（2）人员风险

人员风险是指在海洋石油工程施工过程中，所涉及的人数较多。并且，由于工作人员的生活背景和专业背景各异，若不能创造一个合适的人际关系的氛围，就会对员工的工作热情产生负面的作用，同时，每一道工序之间的相互联系也会产生问题，势必会对整体的建设计划造成一定的阻碍。

（3）工程变更风险

在建设项目的执行阶段，工程更改的风险也是其中之一。在项目实施过程中，往往会因外界条件（资金和工艺等）的改变而发生改变，这是指在一个特定的链接上添加或降低工作负荷，改变工程的品质需求、工期以及添加新工程的可能性等。

正是因为有了这样的风险，才需要工程管理人员提前对工程施工过程中的各类危险因素进行深入地调研和研究，预测、评价各风险因素对项目施工进度的影响，制定合理施工方案。在施工时，难免会有其他一些危险因素，从而影响到工程的顺利进行，这就要求企业在实施项目的时候，要充分利用企业的动态管理原则，持续地进行巡视，对照现实状况和进度计划，把造成规划中出现偏差的各项危险因素都弄清楚，在经过分析和评价之后，确定重大风险因素基点，然后制定相应对策，采取相应行动来改正这些偏差，这样如此循环，直到工程完工为止。施工方案的选择必须基于两个条件：第一，采用补救行动，能够保持原有的施工进度，并保证工程顺利进行；二是在实施了纠正措施后，如果仍然无法按照原来的时间表进行，则应在原有的时间表上加以修正或修改，然后按照新的时间表实施。

3.质量风险及其控制

海洋石油企业的生产工艺所处的特殊环境，以及使用的原料、介质或产品的特性，使得质量风险成为项目实施过程中必须重点关注和有效管理的问题。在高温、高压、低温、真空等条件下，使用易燃、易爆、有毒、有害、有腐蚀性的材料，对存储、安装、生产管道、阀门、设备等提出了更高的要求。任何一个环节的疏忽都可能导致严重的后果，甚至危及生产安全和环境保护。

针对海洋石油工程建设中的质量风险，必须采取全面的管理措施。首先，在工程筹备阶段，需要对技术、人员、设备等方面的危险因素进行识别、分析、评估和控制，以降低或减少潜在的质量风险。其次，在工程建设过程中，需要进行全流程的监控，及时发现并解决工程项目中可能存在的质量风险因素，尤其是关键节点和重要环节，以排除或减少产品的质量风险。最后，在工程竣工之后，需要对工程成果和数据进行最终检查，确保项目的质量达到预期标准。

4.做好项目施工招标工作

在海洋石油工程项目建设中，项目施工招标工作的有效实施至关重要。招标形式的采用可以通过竞争性选择施工单位，从而实现施工费用的减少、质量和工期的保障，以及对施工过程中预算的控制。要做好项目施工招标工作，需要注意以下几个关键方面。

首先，加强对工程量清单的质量管理至关重要。工程量清单是招标文件的重要组成部分，其质量直接影响到后续施工过程的顺利进行。因此，必须对工程量清单中的内容进行详细的说明和设定，以避免与承包人在后续施工过程中发生索赔和纠纷。

其次，承包商在确定工程的最高价时需要合理考虑各项因素，以免产生不均衡的投标问题。确定适当的工程最高价，不仅有助于吸引优质承包商参与竞标，还可以保证施工质量和进度。

第三，业主需要根据石油工程的具体情况，选择合适的招标方式，并根据分段工程的特点选用适当的标签法和投标办法。这样可以最大限度地提高招标的效率和效果，确保选出符合项目要求的优质承包企业。

最后，选择报价合理、技术水平高、综合实力强大的工程承包企业至关重要。这需要业主在评审招标文件和评定投标结果时，综合考虑各项因素，确保选出最具竞争力和可靠性的承包商，从而为项目的顺利实施奠定良好基础。

第六章　工程项目质量管理与成本控制

第一节　质量管理的基本原则与流程

一、工程项目质量管理的基本概念与原则

工程项目质量管理是指通过组织、规划、实施和监控一系列活动，以确保工程项目的产品或服务满足相关质量标准和客户需求的过程。

（一）工程项目质量管理的基本概念

1. 质量管理的定义

工程项目质量管理涵盖了一系列关键管理活动，旨在确保项目产品或服务能够完全符合客户需求和预期质量标准。这一过程不仅涉及质量规划、控制和改进等方面，还贯穿于整个工程项目的生命周期。质量管理的根本目标是实现质量成本的最小化，即在确保产品或服务质量的前提下，尽可能降低生产或提供的费用。同时，质量管理也着眼于最终用户的满意度，致力于超越客户的期望，提供高品质的成果。通过精心设计和有效执行质量管理计划，工程项目可以最大限度地优化整体绩效，从而实现项目交付的成功和客户的满意。因此，质量管理不仅是工程项目管理中的重要组成部分，更是推动项目成功的关键要素之一。只有通过不断强调和实践质量管理，工程项目才能在竞争激烈的市场环境中脱颖而出，赢得客户信任，确保项目和组织的长期发展。

2. 质量管理体系

质量管理体系在工程项目中扮演着至关重要的角色，它是组织内部建立的一系列紧密相关的质量管理活动、程序、政策和流程的整合。这个体系的根本目的在于确保产品或服务能够达到一定的质量标准，以满足客户的需求和期望。在工程项目管理领域，质量管理体系通常包含三个核心方面：质量策划、质量控制和质量改进。

首先，质量策划是质量管理体系中的重要环节，其主要任务是在项目启动阶段规划和确定质量目标、标准以及相应的执行方式。通过质量策划，项目团队能够明确项目中质量管理的重点和方向，制定相应的质量计划，为后续的质量控制和改进提供基础和指导。

其次，质量控制是质量管理体系中的关键环节，旨在监督和控制项目执行过程中的质量状况，确保产品或服务的质量符合要求。通过建立适当的质量控制程序和措施，项目团队能够及时发现、纠正和预防质量问题，确保项目交付物的质量稳定可靠。

最后，质量改进作为质量管理体系中不可或缺的一环，意在持续寻求提高产品或服务质量的机会和方法。通过不断分析质量管理的效果和绩效，针对性地推动质量改进活动，项目团队可以不断优化质量管理过程，提高生产效率和产品质量水平，从而更好地满足客户需求和市场竞争。

3. 质量目标

在工程项目质量管理中，质量目标是一个具有关键意义的概念，其旨在指导项目组织朝着更高质量水平的方向努力。这些目标必须清晰明确、具体可衡量，并且与项目整体目标保持一致，以确保项目在质量方面取得可观进展。质量目标的制定不仅有助于明确项目团队的努力方向和期望结果，还为评估和监督项目执行过程中的质量表现提供了重要依据。通过设定合适的质量目标，项目团队能够实时跟踪、评估和比较项目的质量表现，及时发现并解决潜在的质量问题，从而有效地提高产品或服务的质量水平及达到客户的期望。此外，质量目标也是质量改进和绩效优化的基础，它们的达成将有助于增强项目团队的自信心和士气，提升整体绩效水平，并打下坚实基础为未来的项目成功奠定基础。因此，质量目标的设定和实现对于工程项目质量管理的有效实施至关重要，它们引领着项目向着卓越质量和持续改进的方向不断前进，进而加速项目成功和客户满意度的实现。

（二）工程项目质量管理的原则

1. 客户满意度

客户满意度作为工程项目质量管理的基本原则之一，强调以客户需求和期望为导向，持续改进产品或服务质量，从而确保客户满意。通过深入了解客户需求、设定明确的质量标准，并不断优化产品或服务，可有效提升客户满意度。此原则要求项目团队在全过程中关注并响应客户反馈，持续改进以实现客户期望，从而树立积极的客户关系。

2. 全员参与

全员参与是质量管理的重要原则，要求每个项目成员都对质量负责，并积极参与质量管理活动。全员参与可以增强团队的凝聚力和责任感，促使每位成员在工作中更加关注质量问题，共同努力提升项目的质量水平。通过充分激发团队成员的积极性和创造力，全员参与有助于建立质量意识和团队协作精神，为项目质量管理打下坚实基础。

3. 持续改进

持续改进是质量管理的核心原则之一，强调通过不断分析、评估和改进质量管理体系，持续提高产品或服务的质量水平。项目团队应该定期审查、检讨和调整质量管理流程，发掘问题根源并采取相应措施，以逐步优化项目执行过程并提升绩效。持续改进要求团队具备反思意识和学习能力，不断追求卓越，不断提高自我和团队的综合素质。

4. 系统化管理

系统化管理是确保质量管理活动的系统性、规范性和有效性的关键原则。通过建立完善的质量管理体系，明确质量目标和责任分工，规范操作流程和文件管理，实现质量管理的有序进行。系统化管理要求项目团队遵循标准程序，建立质量记录和数据，持续监督和改进质量管理实践，以确保项目整体质量水平得到有效把控和提升。

二、质量管理流程及其关键环节

质量管理流程架构图如图 6-1。

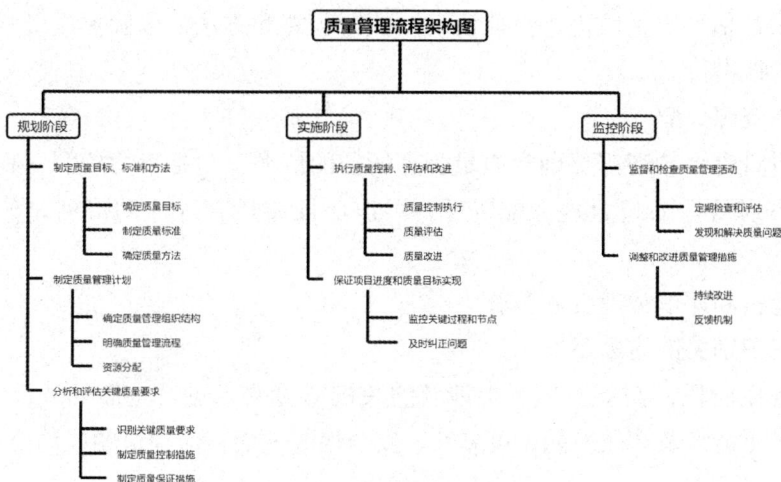

图 6-1　质量管理流程架构图

（一）规划阶段

1.制定质量目标、标准和方法

（1）确定质量目标

在规划阶段，项目团队首先需要明确项目的质量目标。这些目标应当与客户的需求和期望相一致，并且能够为项目的成功实施提供指导。质量目标应当具体、可测量、可达成，并且与项目的其他目标相协调。

（2）制定质量标准

为了衡量项目产品或服务的质量水平，需要建立相应的质量标准。这些标准可以基于国际标准、行业标准或者客户特定的要求，确保产品或服务的质量达到预期水平。

（3）确定质量方法

在规划阶段，需要确定实现质量目标和标准的具体方法和途径。这可能涉及采用一系列的质量管理工具和技术，包括统计方法、质量流程图、故障模式和效应分析（FMEA）等，以确保项目质量得到有效管理和控制。

2.制定质量管理计划

（1）确定质量管理组织结构

质量管理计划应当明确质量管理的组织结构，包括质量管理团队的组成、职责分工和沟通机制等。这有助于确立质量管理的责任与权利，保证质量管理工作能够顺利进行。

（2）明确质量管理流程

在质量管理计划中，需要明确质量管理的工作流程和程序。这包括质量控制、质量评估、质量改进等具体活动的执行步骤和方法，以确保质量管理工作有条不紊地进行。

（3）资源分配

质量管理计划还需要确定质量管理所需的资源，包括人力资源、物质资源和财务资源等。通过合理分配资源，可以保证质量管理活动得到充分支持和保障。

3.分析和评估关键质量要求

（1）识别关键质量要求

在规划阶段，需要对项目中涉及的关键质量要求进行全面的分析和评估。这些要求可能涉及产品性能、可靠性、安全性等方面，对项目的成功至关重要。

（2）制定质量控制措施

鉴于关键质量要求的重要性，需要制定相应的质量控制措施。这包括制定检验计划、设立质量指标、建立监控机制等，以确保关键质量要求能够得到有效控制和管理。

（3）制定质量保证措施

除了质量控制外，还需要制定质量保证措施，以确保项目产品或服务的质量能够持续稳定地满足客户的要求。这可能涉及质量管理体系的建立、质量培训的实施等方面。

（二）实施阶段

1.执行质量控制、评估和改进

（1）质量控制执行

在实施阶段，项目团队需要执行质量控制活动，确保项目产品或服务的质量符合预期标准。这包括对关键过程和关键节点进行监控和检查，及时发现和纠正可能存在的质量问题。

（2）质量评估

除了质量控制外，还需要对项目的质量进行定期评估。这可以通过内部审核、外部审核、客户反馈等方式进行，以确保项目的质量管理工作能够持续有效地执行。

（3）质量改进

在实施阶段，项目团队还需要不断改进质量管理工作，以提升项目产品或服务的质量水平。这包括分析质量问题的根本原因、制定改进措施、实施改进计划等。

2.保证项目进度和质量目标实现

（1）监控关键过程和节点

为了保证项目的进度和质量目标得以实现，需要密切监控项目的关键过程和关键节点。这可以通过制定项目进度计划、制定项目里程碑、建立项目进度监控系统等方式进行。

（2）及时纠正问题

发现项目中存在的问题和风险是保证项目进度和质量目标实现的关键。项目团队需要及时采取措施，纠正问题，防止问题进一步扩大影响项目的进展和质量。

（三）监控阶段

1. 监督和检查质量管理活动

（1）定期检查和评估

在监控阶段，项目团队需要对实施阶段的质量管理活动进行定期检查和评估。这可以通过审核、检查、评估等方式进行，以确保质量管理工作得到有效执行。

（2）发现和解决质量问题

监控阶段也是发现和解决质量问题的关键时期。通过定期的质量检查和评估，项目团队可以及时发现存在的质量问题，并采取相应的纠正和改进措施，以防止问题进一步扩大影响项目的质量和进度。

2. 调整和改进质量管理措施

（1）持续改进

在监控阶段，项目团队需要不断调整和改进质量管理措施，以适应项目实施过程中的变化和挑战。这可能涉及修订质量管理计划、调整质量控制方法、优化质量评估程序等方面。

（2）反馈机制

为了确保质量管理工作能够持续改进，需要建立有效的反馈机制。这包括收集和分析质量管理活动的反馈意见和建议，及时调整和改进质量管理措施，以不断提升项目的质量水平。

第二节　质量成本的估算与控制方法

一、工程项目质量成本的定义与分类

构建和管理质量成本是有效控制工程项目的关键。质量成本是指在工程项目中为确保产品或服务质量而产生的费用。它包括投资于质量控制、预防和纠正各个方面的成本。工程项目质量成本在项目的整个生命周期中都会产生，并对项目质量和成本控制的效果产生重要影响。

工程项目质量成本可以分为两个层面进行分类和定义，分别是内部成本和外部成本。下面将分别对其进行详细阐述。工程项目质量成本的定义与分类架构图见图 6-2。

```
┌─────────────────────────────────────────────┐
│        工程项目质量成本的定义与分类架构图         │
└─────────────────────────────────────────────┘
```

┌──────────────────────┐   ┌──────────────────────┐
│   内部成本的定义与分类   │   │   外部成本的定义与分类   │
└──────────────────────┘   └──────────────────────┘

　　直接成本　　　　　　　　　　　　　　　　　内部失控成本

　　　　工艺改进成本　　　　　　　　　　　　　　缺陷产品重新加工成本
　　　　专业培训成本　　　　　　　　　　　　　　废品处理成本
　　　　零部件和材料选择成本　　　　　　　　　　项目停工和延误成本

　　管理成本　　　　　　　　　　　　　　　　　外部失控成本

　　　　质量管理体系建立成本　　　　　　　　　　补偿客户成本
　　　　人力资源管理成本　　　　　　　　　　　　维修和保养费用
　　　　文件管理成本　　　　　　　　　　　　　　法律诉讼费用

　　计划成本

　　　　质量目标制定成本
　　　　质量计划制定成本
　　　　质量测量和评估成本

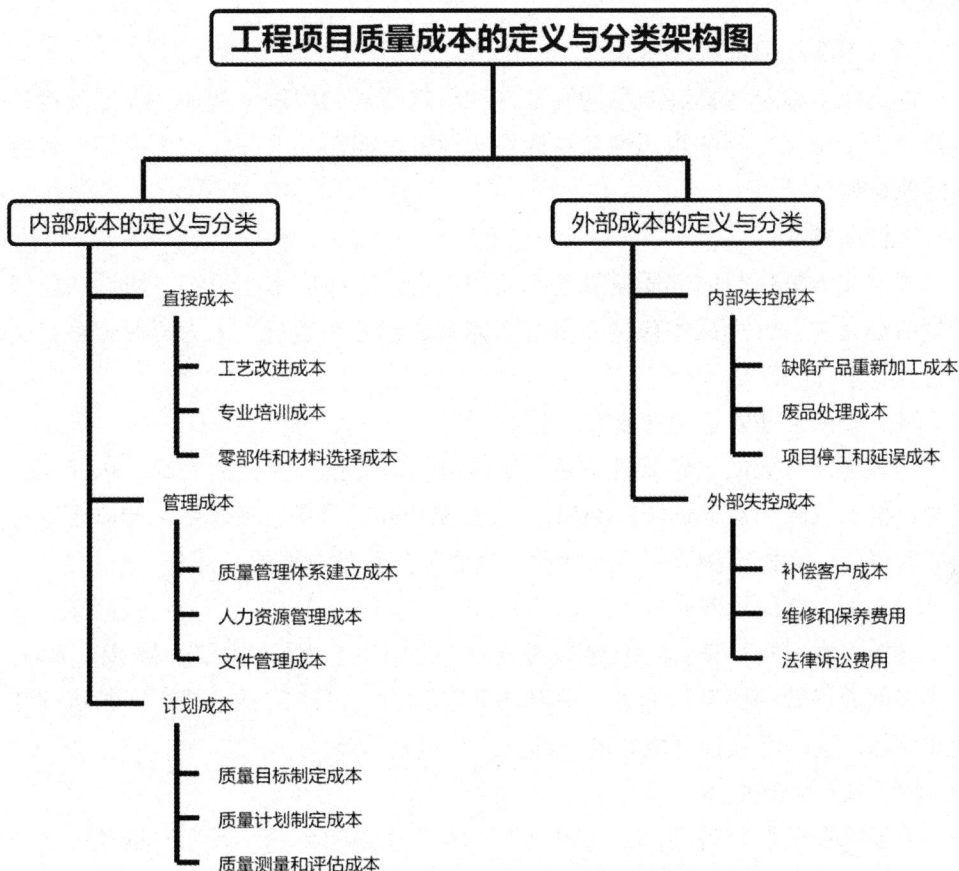

图 6-2　工程项目质量成本的定义与分类架构图

（一）内部成本的定义与分类

1. 直接成本

直接成本是指直接与保证产品或服务质量相关的成本。它们可以被明确地归因于特定的质量活动，如测试和检验、故障修复等。直接成本包括工艺改进、专业培训、零部件和材料的选择等方面，旨在提高产品或服务质量。

（1）工艺改进成本

这类成本包括为改善产品或服务质量而进行的工艺改进所需的费用。例如，引入新的生产工艺、优化现有生产流程等都是为了提升产品或服务的质量而投入的直接成本。

（2）专业培训成本

为了提高员工的技能和专业知识，组织进行的培训活动所产生的费用。例如，为生产人员提供质量管理方面的培训，以提升其对质量管理重要性的认识和技能。

（3）零部件和材料选择成本

这类成本涉及选择高质量的零部件和材料所需的费用。例如，在产品设计阶段，为了确保产品的耐用性和性能稳定性，可能需要选择成本更高但质量更好的原材料。

2.管理成本

管理成本是指与内部质量管理相关的成本。这些成本与组织、协调和监督质量活动有关。管理成本包括质量管理体系的建立和运行、人力资源管理、文件管理、审计和评估等。

（1）质量管理体系建立成本

为了建立有效的质量管理体系，组织可能需要投入大量的资源，包括人力资源、技术资源和财务资源。例如，实施 ISO 9001 质量管理体系可能需要进行培训、咨询、文档编制等一系列活动，这些都是管理成本的一部分。

（2）人力资源管理成本

这类成本涉及招聘、培训、绩效考核等人力资源管理活动所需的费用。例如，为了确保质量管理团队的专业水平和团队凝聚力，可能需要进行定期的培训和绩效评估，这些都是管理成本的一部分。

（3）文件管理成本

为了确保质量管理活动的有效开展，需要建立和维护一系列质量管理文件和记录，这涉及文件编制、归档、更新等工作，需要投入相应的人力和物力资源。

3.计划成本

计划成本是指为规划和控制质量活动而支出的成本。这些成本体现在制定质量目标、制定质量计划、建立质量测量和评估标准等方面。

（1）质量目标制定成本

为了确立明确的质量目标，组织可能需要投入一定的成本，包括对市场需求进行调研、制定质量政策和目标等。这些都是为了确保质量管理工作能够有明确的方向和目标。

（2）质量计划制定成本

制定质量计划是确保项目按照预定的质量标准和要求进行的重要保障。这可能涉及专业人员的咨询费用、会议成本、文件编制费用等。

（3）质量测量和评估成本

为了监控和评估质量管理活动的执行效果，可能需要进行一系列的质量测量和评估工作，如抽样检验、质量报告编制等。这些都是计划成本的一部分，旨在确保项目能够按照质量目标进行有效管理和控制。

（二）外部成本的定义与分类

1. 内部失控成本

内部失控成本是由于项目内部质量问题导致的成本。这些成本通常源于缺陷产品的重新加工、废品的处理、项目停工和延误等。内部失控成本不仅会增加项目的总成本，还可能导致客户满意度下降和业务损失。

（1）缺陷产品重新加工成本

当项目中出现质量问题导致产品或服务不符合要求时，可能需要进行重新加工，以满足质量标准。这包括修复、更换或重做不合格的产品或部件所需的人力、物力和时间成本。

（2）废品处理成本

在项目实施过程中，如果发现产品或部件无法修复或重做，可能需要进行废品处理，包括废料处理费用、环境污染治理费用等。

（3）项目停工和延误成本

内部质量问题可能导致项目停工或延误，这会增加项目的成本，包括人员工资、设备租赁费用等。同时，项目延误还可能导致客户不满意、合同违约等问题，进一步增加了内部失控成本。

2. 外部失控成本

外部失控成本是由于项目的质量问题对外部利益相关者造成的影响所产生的成本。这些成本可能包括补偿客户、维修和保养费用、法律诉讼费用、声誉和品牌形象的损失等。外部失控成本通常比内部失控成本更加严重，因为它们直接影响到项目的可持续发展和组织的信誉。

（1）补偿客户成本

当项目交付的产品或服务存在质量问题，需要对客户进行补偿时，可能需要支付赔偿金、退款或提供替代产品等，以弥补客户的损失。这些成本既包括直接的经济损失，也包括对声誉和信誉的影响。

（2）维修和保养费用

如果质量问题导致客户使用的产品或服务需要进行维修或保养，组织可能需要承担相应的维修费用和保养成本，以确保产品或服务的正常运行。

（3）法律诉讼费用

如果质量问题引发了法律纠纷或诉讼，组织可能需要支付律师费用、法院费用等相关成本。同时，诉讼可能还会导致巨额的赔偿金支出，对组织的财务状况和声誉造成严重影响。

二、质量成本控制方法与技术

（一）成本效益分析

成本效益分析是一种评估质量管理活动的经济性的方法，通过比较预防、评估和失误成本的大小，确定最经济的质量管理方案。其核心目标是确保质量管理活动所投入的成本能够产生相应的经济效益，从而最大限度地提高项目的整体效益。

1. 成本－效益比较法

成本-效益比较法是质量管理领域中常用的一种方法，用于评估质量管理活动的经济性。该方法通过对质量管理活动的成本与所产生的效益之间的比值进行比较，来确定是否值得进行该活动。在进行成本－效益比较时，通常会将质量管理活动的成本与其所带来的经济效益进行量化，并计算出一个成本－效益比值。如果这个比值高于设定的阈值或者与其他可供比较的替代方案相比较具有竞争优势，那么就可以认为这个质量管理活动是经济的，值得进行。

在实际应用中，成本-效益比较法通常涉及以下几个步骤。首先，需要对质量管理活动的成本进行估算和计算，包括直接成本和间接成本。直接成本包括直接与质量管理活动相关的费用，如培训费用、设备购置费用等；间接成本则是由于质量问题引发的附加费用，如废品处理费用、客户投诉处理费用等。其次，对质量管理活动所带来的效益进行评估和量化。这可能涉及质量改进程度、客户满意度提升、生产效率提高等方面的指标。然后，通过将成本与效益进行比较，计算出成本－效益比值。最后，根据设定的阈值或者与其他可供比较的替代方案进行对比，来判断该质量管理活动是否是经济的，是否值得进行。

成本-效益比较法的应用范围广泛，涉及各个领域的质量管理决策。例如，在生产领域，可以通过比较不同的生产工艺、设备、材料等的成本和效益，来确定最经济的生产方案；在服务领域，可以通过比较不同的服务质量管理措施的成本和效益，来确定最合适的服务方案。同时，成本-效益比较法也可以应用于项目管理中的质量管理活动。例如，在项目实施过程中，需要对不同的质量管理措施进行评估和选择，以确保项目的整体质量水平和经济效益。成本-效益比较法为项目团队提供了一种科学、系统的方法，帮助其进行质量管理决策，并优化资源配置，实现项目目标。

2. 成本－效果分析法

成本－效果分析法是质量管理领域中常用的一种方法，用于评估和选择最经济的质量管理方案。该方法通过比较不同质量管理方案所带来的效果，从而确定最佳方案。在进行成本－效果分析时，主要是评估不同方案在质量改进程度、成本节约程度等方面的效果，以确定最经济的方案。

首先，成本－效果分析法需要对各个质量管理方案的效果进行全面评估。这包括了质量管理方案对产品或服务质量改进的程度，以及对成本的节约程度等方面的评估。在评估质量改进程度时，可以考虑产品的质量指标、客户满意度调查结果、质量问题的发生率等指标。同时，在评估成本节约程度时，则需要考虑质量管理活动所带来的成本降低或避免的情况，包括直接成本和间接成本等。

其次，需要进行不同方案之间的比较和分析。在比较方案时，除了考虑其在质量改进和成本节约方面的效果外，还需要综合考虑其他因素，如方案的可行性、实施难度、风险等。通过对不同方案的综合评估，确定最有利于达到质量目标并且经济效益最佳的方案。

最后，根据成本－效果分析的结果，选择最经济的质量管理方案实施。选择最佳方案时，需要综合考虑各个方面的因素，并充分考虑到项目的实际情况和特点。同时，在方案实施过程中，需要进行有效地监控和评估，及时调整和改进方案，以确保质量管理活动能够取得预期的效果。

成本－效果分析法在质量管理决策中具有重要的作用。它能够帮助项目团队全面评估各种质量管理方案的效果，选择最经济、最合适的方案实施，从而提高项目的整体质量水平和经济效益。通过合理应用成本－效果分析法，可以优化质量管理过程，实现质量和成本的平衡，为项目的成功实施提供重要支持。

3. 应用实例

（1）员工培训决策案例

在组织需要决定是否进行员工培训的情况下，进行成本效益分析是一种常见的决策方法。这种分析可以帮助组织评估员工培训活动的经济性，从而确定是否值得进行培训。首先，进行成本效益分析时，需要对员工培训的成本进行全面估算。这些成本包括培训师费用、培训场地费用、培训材料费用等。此外，还需要考虑到员工参与培训所带来的间接成本，比如培训期间员工无法从事正常工作而造成的生产损失或额外的工资成本。其次，评估培训后员工绩效提升所带来的效益至关重要。这些效益可能体现在生产效率的提升、质量问题的减少、员工技能的提升等方面。通过对员工培训后的绩效提升进行量化评估，可以更加客观地了解培训活动的实际效果。最后，将成本与效益进行比较，以确定是否值得进行培训。如果培训活动的预期效益高于成本，或者培训后的绩效提升能够带来可观的经济回报，那么可以认为培训是经济的，值得进行。然而，如果成本超出了预期效益，或者培训后的绩效提升效果不佳，那么可能需要重新评估培训活动的必要性或者调整培训方案。综上所述，通过成本效益分析来决定员工培训的必要性和经济性，可以帮助组织更加科学地进行决策，最大限度地提升员工的绩效水平，促进组织的长期发展。

（2）设备维护方案决策案例

在设备维护方案决策中，比较不同的维护方案的成本和效果是至关重要的。一种常见的比较是预防性维护和修正性维护之间的对比。首先，预防性维护是指在设备出现故障之前定期对设备进行检查、保养和维护，以预防故障的发生。与之相反，修正性维护是指在设备出现故障后才进行维修和保养。首先，进行成本效益分析时，需要对两种维护方案的成本进行全面估算。预防性维护的成本通常包括定期检查和保养的人工费用、零部件更换费用以及可能的设备停机时间造成的生产损失。而修正性维护的成本则主要包括维修人工费用、零部件更换费用以及由于设备停机造成的生产损失。其次，需要评估两种维护方案对设备可靠性和生产效率的影响。预防性维护可以减少设备故障的发生，提高设备的可靠性，从而减少设备停机时间，提高生产效率。而修正性维护则通常意味着设备故障已经发生，可能导致较长的停机时间和生产损失。最后，将两种维护方案的成本与效果进行比较，以确定最经济的维护方案。如果预防性维护的成本低于修正性维护，并且能够显著提高设备的可靠性和生产效率，那么预防性维护可能是更优选的方案。然而，如果修正性维护的成本较低，且设备故障对生产影响不大，那么修正性维护可能更具吸引力。

（二）质量成本核算系统

质量成本核算系统是指建立完善的质量成本核算体系，实现质量成本的精确测算和监控。通过对项目质量相关成本的全面核算和分析，帮助组织识别和管理质量成本，从而优化质量管理过程，降低不必要的成本支出。

1. 质量成本核算方法

质量成本核算方法是一种用于评估和管理质量相关成本的重要工具。通常，质量成本核算采用直接成本和间接成本相结合的方法。直接成本是指与质量管理活动直接相关的成本，其可以被直接归因于质量管理活动。这些直接成本包括但不限于检验费用、培训费用、测试设备购置费用等。这些费用与质量管理活动的直接实施和执行密切相关，是确保产品或服务质量的必要投入。与之相对应的是间接成本，这些成本虽然不能直接归因于特定的质量管理活动，但它们间接地影响到质量的实现和维护。例如，由于质量问题导致的生产中断所造成的损失、客户投诉处理所带来的额外成本等都属于间接成本范畴。这些间接成本虽然不易直接量化，但对于全面了解和评估质量管理活动的成本效益至关重要。因此，综合考虑直接成本和间接成本，可以更全面地评估和管理质量成本。质量成本核算方法的实施有助于组织更好地理解质量相关成本的构成和分布情况，从而针对性地制定质量管理策略和决策。通过准确核算质量成本，组织能够更加科学地评估质量管理活动的效果，并及时调整和改进质量管理措施，提升产品或服务的质量水平，降低整体成本。

2. 应用实例

建立质量成本核算系统后，组织可以对不同阶段的质量管理活动进行成本核算，并将成本与质量问题发生率、客户满意度等指标进行关联分析，从而找出造成质量成本增加的主要原因，并采取相应的措施加以改进。例如，假设一个制造企业在生产过程中遇到了频繁的质量问题，导致成本居高不下。通过质量成本核算系统，企业可以对不同生产环节的质量管理活动进行详细的成本核算，包括直接成本和间接成本。直接成本方面，可能涉及检验费用、废品处理费用、维修费用等；间接成本则可能包括生产停机导致的生产损失、客户投诉处理所带来的额外费用等。通过将这些成本与质量问题发生率、客户投诉数量等质量指标进行关联分析，企业可以发现一些潜在的问题点。比如，可能发现某一生产工序的质量问题频发，导致了大量的废品和生产停机，从而增加了质量成本。通过进一步深入分析，可能发现这一工序的设备老化严重，操作人员技能不足等原因是导致质量问题的根本原因。基于这些分析结果，企业可以采取一系列措施加以改进，如对设备进行定期维护保养、加强操作人员的培训和技能提升等。通过这些改进措施的实施，企业可以降低质量问题的发生率，减少质量成本，提升产品质量和客户满意度。

（三）质量管理工具

质量管理工具是指应用于质量管理过程中的各种方法和技术，旨在帮助组织识别、分析和解决质量问题，降低质量成本，提高产品或服务质量水平。

1. 常用质量管理工具

在项目管理和质量控制中，常用的质量管理工具对于发现、分析和改进质量问题起着至关重要的作用。这些工具包括质量控制图、故障模式和效果分析（FMEA）、六西格玛以及 PDCA 循环等。首先，质量控制图是一种用于监控过程稳定性和识别异常的工具，常用的包括控制图、帕累托图和直方图等。通过绘制这些图表，项目团队可以及时发现过程中的变化和异常，从而采取相应的控制措施，确保产品或服务的质量符合要求。其次，故障模式和效果分析（FMEA）是一种系统性的方法，用于识别潜在的故障模式及其对产品或服务的影响，以及采取预防性措施的过程。FMEA 可以帮助项目团队在设计和生产阶段识别和消除可能存在的缺陷，从而降低质量问题的发生率。另外，六西格玛是一种以数据为基础的质量管理方法，旨在通过减少过程变异性来提高产品或服务的质量水平。通过使用六西格玛工具和技术，项目团队可以识别和消除导致质量问题的根本原因，从而实现持续的质量改进。最后，PDCA 循环是一种持续改进的管理方法，包括计划（Plan）、执行（Do）、检查（Check）和行动（Act）四个阶段。通过不断循环这一过程，项目团队可以不断地识别问题、制定计划、实施措施，并对结果进行评估和调整，从而实现质量管理的持续改进。

2. 应用实例

举例来说，假设一个制造公司使用质量控制图对其生产过程进行监控。通过实时记录和监测生产数据，如产品尺寸、重量、质量等，可以及时发现生产过程中的偏差和异常。例如，如果某个生产批次的产品尺寸偏离了标准范围，质量控制图就会显示出异常信号。在发现异常后，生产人员可以立即对生产设备进行调整或停机维护，以避免继续生产不合格品。通过及时发现和纠正生产过程中的异常，质量控制图有助于减少不合格品的产生，降低废品处理成本，提高产品的质量水平。

另一个例子是使用 FMEA（故障模式和效果分析）来分析和识别产品设计或生产过程中可能存在的潜在故障模式和效果。例如，一家汽车制造商可以使用 FMEA 来分析其新车型的设计。在分析过程中，可能发现某个零部件的材料强度较低，容易在使用过程中发生断裂故障。根据这一分析结果，制造商可以采取预防性措施，如改进材料选用、增加零部件强度测试频率等，以避免因零部件故障导致的质量问题和相关成本增加。通过 FMEA 分析，企业可以在产品设计和生产阶段就识别和消除潜在的质量问题，从而降低质量成本，提高产品质量，增强客户满意度。

第三节　质量管理在工程项目中的应用案例分析

油田土建工程项目的质量决定着能否顺利交付使用，而施工成本影响施工企业的经济效益。案例对油田土建施工质量管理及成本控制方面展开探讨，并提出多项切实有效的解决措施。

一、油田土建工程项目质量管理

质量管理决定着油田土建工程项目能否顺利交付使用，质量管理应该贯穿于整个工程的实施阶段，与项目的成本控制有着较大的联系。

（一）制定科学合理的质量控制计划

在油田土建工程项目中，制定科学合理的质量控制计划是确保项目顺利进行的关键步骤之一。质量控制计划应该涵盖从施工前期准备到项目竣工的全过程，包括对施工过程中可能出现的各类质量问题进行全面的预防和控制。通过制定详细的计划，可以明确质量管理的目标和措施，为后续的施工提供清晰的指导。

1. 质量控制计划的前期准备阶段

（1）项目背景和目标分析

在制定质量控制计划之前，需要对油田土建工程项目的背景和目标进行详细地分析。了解项目的性质、规模、技术难度等因素，并明确项目的质量目标和要求，为后续的质量管理工作提供明确的方向。

（2）质量组织和责任划分

在前期准备阶段，需要明确质量管理的组织结构和责任划分。建立专门的质量管理团队，并确定各个成员的职责和权限。同时，需与相关部门和机构协商合作，明确合作方式和责任分工，确保质量管理的全面性和协调性。

（3）质量评估和风险分析

在制定质量控制计划之前，需要进行质量评估和风险分析，识别可能存在的质量问题和潜在风险。通过分析工程设计文件、施工图纸、规范要求等，对可能发生的质量问题进行排查和预警，制定相应的控制措施和应急预案。

2. 质量控制计划的实施阶段

（1）质量检测与监控

质量控制计划的核心环节是实施阶段的质量检测与监控。根据项目的特点和要求，制定质量检测计划和监控方案，明确检测的频次、标准和方法。同时，建立完善质量信息管理系统，及时记录和跟踪施工中出现的质量问题，保证问题得到及时处理和反馈。

（2）质量培训与意识提升

为了确保质量控制计划的顺利执行，需要进行质量培训和意识提升工作。培训包括对工程人员和相关从业人员进行质量知识和技能的培训，增强其质量管理的意识和能力。同时，通过宣传和教育活动，提高项目团队对质量控制计划的理解和重视，营造良好的质量管理氛围。

（3）质量反馈与改进

质量控制计划的实施过程中，应定期进行质量问题的反馈与改进，促进质量管理的持续改进和优化。及时收集施工中的问题和不良现象，进行分析和解决，总结经验教训，完善质量控制措施和流程。同时，与相关部门和机构共同开展质量评估和审核，持续提升项目的质量水平。

3.质量控制计划的竣工和验收阶段

（1）质量验收和评估

在项目竣工阶段，进行质量验收和评估是质量控制计划的重要环节。根据工程规范和相关标准，对项目的质量进行全面检查和评估，确保工程达到设计要求和合同约定的质量要求。针对不符合要求的问题，及时整改和完善，使项目质量满足交付要求。

（2）质量档案管理

在项目竣工后，建立完善的质量档案管理体系是质量控制计划的延续和总结。将项目的质量检验报告、质量评估结果、质量培训记录等整理归档，形成项目的质量档案。这些档案具有重要的历史价值和资料参考作用，对未来类似项目的参考和借鉴具有重要意义。

（3）质量经验总结与分享

质量控制计划的最后一个环节是质量经验总结与分享。通过对项目的质量管理经验进行总结和归纳，形成质量管理案例或指南，为今后的工程项目提供有益的借鉴和应用。同时，可以通过会议、论文、研讨会等形式，分享项目的成功经验和教训，促进行业质量管理的进步和提升。

（二）施工作业人员的技术交底与标准执行

在施工前，施工作业人员应接受相关技术培训和交底，确保他们对施工图纸、施工标准以及质量控制计划有清晰地了解。技术交底是确保施工过程中质量问题得到有效控制的重要环节，通过交底，可以提高施工作业人员对工程项目的质量要求的认识，减少施工中的失误和质量问题。

1.技术交底的目的和意义

（1）技术交底的目的

技术交底是为了确保施工作业人员对施工图纸、施工标准、质量控制计划等项目技术要求有全面而清晰地理解，并能够在实际施工中正确执行。其目的是提高施工作业人员的专业能力和责任意识，减少施工中的错误和质量问题。

（2）技术交底的意义

技术交底的意义在于确保施工作业人员在施工过程中能够严格按照规范和标准进行操作，保证施工质量的稳定和可控。通过交底，可以提高施工人员的专业素养和技术水平，减少施工中的返工和修复成本，提高工程效益和客户满意度。

2.技术交底的内容和方法

（1）交底内容的确定

技术交底的内容应包括施工图纸的理解与解读、施工规范和标准的解释、质量控制计划的说明等。交底内容应根据具体项目的特点和要求进行细化和明确，涵盖施工过程中可能涉及的关键技术要点和难点。

（2）交底方法的选择

技术交底的方法多种多样，可以采用面对面的会议、培训班、现场演示等形式进行。选择合适的交底方法需要考虑施工作业人员的数量和分布、时间和场地的限制等因素。同时，交底过程中应注重与施工作业人员的互动和沟通，确保他们能够充分理解与吸收所传达的技术信息。

（3）交底记录的保存与归档

在技术交底中产生的重要文件和资料应及时进行记录和归档。这些文件和资料包括交底会议纪要、培训材料、技术资料等。保存和归档这些记录有助于后续对施工作业人员的培训效果和执行情况进行跟踪和分析，为质量管理提供参考和依据。

3.标准执行的监督与管理

（1）标准执行的监督责任

标准执行的监督责任应由项目管理团队承担，其中包括工程师、质量管理员等。他们应全面了解项目的质量标准与规范要求，并能够对施工作业过程进行监督和评估，及时发现问题并提出合理改进措施。

（2）标准执行的检查方式

标准执行的检查方式可以采用现场巡查、抽样检验、文件审核等手段进行。通过定期或不定期地检查，对施工现场和质量控制过程进行全面的监测和评估，检查执行情况是否符合预定的标准和要求。

（3）标准执行的奖惩机制

为了促使施工作业人员遵守标准要求，可以建立奖惩机制进行激励与惩罚。对于执行标准好、质量优秀的个人和团队，可以给予表彰和奖励；对于没有按照标准要求执行的个人和团队，要及时纠正和制定整改措施，并将其纳入绩效考核体系。

（三）施工过程中的质量监督和检查

在施工过程中，质量监督和检查是确保项目质量的重要手段之一。通过加强对施工质量的检查工作，特别是对重点部位和隐蔽部位的监督，可以及时发现并解决施工中存在的质量问题。

1.质量监督和检查的重要性

（1）质量监督的意义

质量监督是确保施工项目质量的关键环节之一。其主要目的在于及时发现和解决施工过程中可能存在的质量问题，以确保项目达到设计要求和客户期望。质量监督不仅可以提高施工质量，还可以避免质量问题导致的额外成本和安全隐患，保护利益相关方的利益。

（2）质量监督的范围

质量监督的范围应该覆盖整个施工过程，包括前期准备、施工、竣工验收等各个阶段。在前期准备阶段，应着重监督材料进场、施工方案确认等工作；在施工中，需要重点监督施工过程中的关键环节和隐蔽部位；而在竣工验收阶段，则需要对项目整体质量进行综合评估和验收。

（3）质量监督的手段

质量监督可以通过多种手段进行，包括现场检查、检测分析、数据监测、文件审核等。其中，现场检查是最直接和有效的手段之一，可以直接观察施工现场的情况，发现问题并及时解决。此外，还可以借助专业设备进行检测和分析，确保施工质量达标。

2.质量监督和检查的实施

（1）重点部位的监督

在施工过程中，存在一些关键部位对项目的质量和安全具有重要影响，如结构节点、承重墙体等。针对这些重点部位，需要加强监督和检查，确保其施工质量符合设计要求和施工标准，防止出现质量问题。

（2）隐蔽部位的检查

隐蔽部位指的是在施工完成后不易被观察到的部位，如墙体内部、管道底部等。这些部位往往容易被忽视，但质量问题一旦发生，后果将不可估量。因此，在施工过程中，需要对隐蔽部位进行特别的检查，采取必要的措施确保其质量符合要求。

（3）旁站监督的应用

旁站监督是指由第三方机构或专业人员对施工现场进行全面监督和检查。通过旁站监督，可以提高监督的客观性和专业性，确保施工质量得到有效控制。此外，旁站监督还可以减轻业主和施工单位的监督负担，提高监督效率。

3.质量监督和检查的效果评估与改进

（1）效果评估

在施工过程中，需要对质量监督和检查的效果进行定期评估。这包括对施工质量问题的处理情况、监督工作的执行情况以及项目整体质量水平的评估等。通过效果评估，可以发现问题并及时采取措施加以改进。

（2）改进措施

根据评估结果，需要及时调整和完善质量监督和检查的措施和方法。这包括加大监督力度、优化监督流程、改进监督手段等方面。同时，还需要加强对监督人员的培训和管理，提高其监督工作的专业水平和执行能力。

（3）持续改进

质量监督和检查是一个持续改进的过程。在项目实施的过程中，应该不断总结经验、发现问题、改进措施，以确保质量监督和检查工作能够不断提高，为项目的顺利完成提供保障。

二、油田土建工程成本控制问题

油气资源的开采伴随着较高的风险，前期投资较多，成本回收的资金较长，还需要面对税务和财务等相关问题，油田土建项目的成本控制是开展工程施工首要解决的问题。质量、进度和成本控制需要贯穿油田土建工程项目的整个施工阶段。油田土建工程项目成本有直接和间接成本，直接成本就是施工过程中产生的各项费用支出，是完成工程实体所需要的花费支出，比如，人工费、材料费和机械设备的费用。间接成本就是指在施工作业的准备时期产生的各项管理费用，比如，管理人员的工资，机械设备的折旧以及维护保养费用，临时设施和办公支出等。

（一）土建工程招标成本控制

1. 招投标流程的规范性与透明性

招标过程的规范性和透明性对于成本控制至关重要。在招标过程中，应确保招标文件的编制完整、准确，并且符合相关法规和标准。同时，招标程序应当公开、公平、公正，确保所有潜在投标人都能获得公平竞争的机会。这有助于避免因为招标程序不公导致的成本增加，保证最终选定的施工单位的价格合理性。

2. 合理的工程项目定价

在评标阶段，需要对各家投标单位的报价进行比较和分析，以确定合理的工程项目价格。评标过程中，除了考虑报价的金额外，还应综合考虑施工单位的施工能力、资质、技术水平、施工方案等因素。只有在确保施工单位具备足够的施工能力和技术水平的前提下，才能选择出合理的工程项目定价，从而控制成本的增长。

3. 工程合同的签订与履行

签订工程合同是确定工程项目成本的重要步骤。在签订合同时，需要明确工程项目的范围、质量要求、工期要求、支付方式等关键条款，以避免后期因合同内容不明确或不完善而引发的纠纷和额外成本。同时，双方应当严格履行合同约定，确保工程项目按照合同要求进行施工，从而有效控制成本的增长。

（二）施工材料的成本控制

1. 严格审查材料价格与质量

施工材料的价格和质量直接影响到工程项目的成本和质量。在采购施工材料时，应该对材料的价格进行严格审查，确保价格处于合理范围内，并且与市场价格相符。同时，还应对材料的质量进行审查，确保材料符合设计和标准要求，避免因材料质量问题导致的额外成本。

2. 精细化的施工成本预算

在施工过程中，需要对各项成本进行精细化预算，包括人工费、材料费、机械设备费等。预算过程应考虑到设计变更、施工量变化等因素，并制定相应的应对措施。通过精细化的成本预算，可以有效控制施工过程中的成本支出，避免因成本超支而导致的额外风险。

3. 加强施工现场管理与监督

施工现场是施工材料使用的主要场所，加强对施工现场的管理和监督对于控制成本具有重要意义。管理人员应加强对施工现场的巡查和监督，确保施工材料的正确使用和合理消耗。同时，还应加强对施工进度的管理，避免因进度延误而导致的材料浪费和成本增加。

（三）土建工程竣工成本控制

1.严格的竣工验收流程

土建工程项目竣工验收是项目结束阶段的重要环节，对于成本控制具有重要意义。竣工验收过程应严格按照相关标准和规定进行，确保工程项目的质量和安全达到要求。只有在竣工验收合格后，工程项目才能正式交付使用，从而避免因质量问题而引发的额外成本支出。

2.审计与检查的实施

在土建工程项目竣工后，应及时进行审计和检查工作，以确保工程项目的质量和成本符合预期。审计单位应对工程项目的施工过程和成本支出进行全面审查，发现问题及时提出整改意见。同时，还应加强对施工单位和相关责任人的追责和处罚，确保项目的质量和成本得到有效控制。

3.持续改进与经验总结

成本控制工作是一个持续改进的过程，在项目实施的过程中，应不断总结经验，发现问题，并及时采取措施加以改进。只有通过持续改进，才能不断提高成本控制工作的水平和效率，从而保证工程项目的顺利实施和成功交付。

三、做好工程造价的管理工作

油田土建工程造价如果不合理，直接影响着施工成本，施工单位和建设方容易产生各种矛盾，不利于工程项目的质量和成本控制。同时，施工所需的材料和机械设备、施工作业人员的成本都会提升。所以，必须做好油田土建工程项目造价管理工作，保证采用合理的价格购买施工材料，对施工机械设备进行及时的维护和保养，做好施工人员的安全技术培训费用使用，提高项目资金的利用率，可以更好地保证工程项目质量。

（一）油田土建工程项目造价管理的重要性

1.对施工成本的直接影响

油田土建工程项目的造价管理直接影响着施工成本的控制。合理的造价管理可以有效地控制施工过程中的各项费用支出，包括施工材料、人工费用、机械设备费用等，从而确保项目的成本在合理范围内，避免因成本超支而导致的额外负担。

2.施工单位与建设方关系的稳定

良好的造价管理有助于保持施工单位与建设方之间的关系稳定。如果造价管理不合理，可能导致施工单位因利益受损而产生不满，与建设方发生矛盾和纠纷，影响工程项目的顺利进行。因此，通过合理的造价管理，可以维护双方的利益，保持合作关系的稳定。

3.项目质量和进度的保障

合理的造价管理有助于保障项目的质量和进度。通过控制施工成本，可以提高施工材料和设备的质量，确保施工作业人员的安全培训和技术水平，从而提高项目的施工质量和安全性。同时，合理的造价管理还可以提高项目资金的利用效率，保障项目的进度顺利推进。

（二）油田土建工程项目造价管理的关键措施

1.严格管控工程变更

工程变更是造价管理中常见的挑战之一。为了有效控制工程变更对造价的影响，需要建立严格的工程变更管理机制。在发生工程变更时，应及时进行设计变更，并经过设计方、建设方和监理方的审核签字，确保变更的合理性和合法性。同时，需要对变更对造价的影响进行及时分析，调整工程量和造价预算，避免造成额外成本的增加。

2.严格控制施工现场签证

施工现场签证的控制也是造价管理的重要环节之一。建设单位在施工过程中经常面临签证问题，因此需要加强对施工现场签证的审查和管理。审查工作应严格执行，避免出现不合理的签证，确保签证的合理性和必要性。对于不合理的签证，需要制定有效的处理措施，避免资金浪费和成本增加。

3.加强成本核算与分析

成本核算与分析是确保造价管理有效实施的关键步骤。通过加强对施工成本的核算和分析，可以及时发现和解决造价管理中存在的问题和风险。成本核算应覆盖施工过程中的各个环节，包括施工材料、人工费用、机械设备费用等，确保成本数据的准确性和完整性。同时，还需要对成本数据进行深入分析，找出造成成本增加的原因，并采取相应的措施加以解决。

四、做好工程项目的安全管理制度

安全施工是每个油田土建工程项目必须保证的目标，对于质量和成本有着直接的关系。所以，必须做好工程项目的安全管理工作，避免出现各种安全隐患，减少安全事故造成的经济损失。油田土建施工过程中经常会用于大型的吊装设备和高压电器，施工难度比较大，对于施工操作有着严格的要求，时常会发生各类安全事故。所以，在进行施工作业之前，应该做好安全教育工作，制定安全保障措施，对施工机械进行详细的检查和保养，进行安全技术交底工作。

（一）油田土建工程项目安全管理的重要性

1. 与质量和成本的直接关系

安全施工是油田土建工程项目必须保证的目标之一，其安全性直接影响到工程质量和成本控制。安全事故的发生往往导致工程质量下降、进度延误，甚至造成人员伤亡和设备损坏等严重后果，进而增加了工程成本。因此，做好工程项目的安全管理工作，不仅可以保障人员的生命安全和财产安全，还能提高工程质量，减少成本损失。

2. 保障施工操作的安全性

油田土建工程项目的施工操作涉及大型吊装设备、高压电器等，施工难度较大，对施工操作人员的技术要求极高。良好的安全管理可以保障施工操作的安全性，减少操作失误和意外事故的发生。通过严格的安全教育和技术交底，施工人员能够更加熟悉施工操作规程，提高操作技能，降低事故发生的概率。

3. 减少经济损失

安全事故的发生会导致工程项目的停工和重建，增加了施工周期和成本支出，同时也可能面临相关法律责任和赔偿费用。通过做好安全管理工作，及时发现和解决安全隐患，可以有效减少安全事故的发生，降低经济损失，保护项目的投资利益。

（二）油田土建工程项目安全管理的关键措施

1. 制定详细的安全保障措施

在施工作业之前，应制定详细的安全保障措施，包括安全教育计划、安全操作规程、应急预案等。通过安全教育，让施工人员充分认识到安全意识的重要性，掌握相关操作技能，提高应对突发情况的能力。同时，建立健全的应急预案，提前制定好应对各种安全事故的处置方案，确保在事故发生时能够迅速、有效地处置，最大限度地减少损失。

2. 加强安全技术交底工作

在施工现场，应加强安全技术交底工作，确保施工人员了解施工设备的安全操作规程和注意事项。安全技术交底应涵盖施工机械设备的操作方法、安全防护措施、紧急情况的应对方法等内容，增强施工人员的安全意识和应对能力，减少事故的发生。

3. 建立专职安全监督人员队伍

油田土建工程项目应建立专职的安全监督人员队伍，负责对施工现场的安全情况进行监督和检查。安全监督人员应具备丰富的安全管理经验和专业知识，能够及时发现和解决安全隐患，防止事故的发生。同时，还应定期组织安全演练和应急培训，提高安全监督人员的应急处置能力，确保施工现场的安全稳定。

（三）持续改进油田土建工程项目安全管理的机制

1. 建立健全安全管理制度

持续改进安全管理工作需要建立健全的安全管理制度，包括安全生产责任制、安全生产规章制度、安全教育培训制度等。通过制度化管理，规范施工作业行为，强化安全责任，增强安全意识，为安全管理工作提供制度保障。

2. 加强安全文化建设

安全文化建设是提升安全管理水平的重要途径。通过开展安全文化宣传教育活动，增强全员安全意识，形成良好的安全生产氛围。建立安全文化长效机制，使安全理念深入人心，为安全管理工作提供持续动力。

3. 利用先进技术手段

借助先进的技术手段，如智能监控系统、无人机巡检等，加强对施工现场的安全监测和预警。通过数据分析和智能预测，及时发现施工安全隐患，提前采取措施，防范安全事故的发生。同时，积极探索安全管理的信息化路径，提高安全管理工作的效率和精准度。

第七章　工程项目进度管理与成本控制

第一节　进度管理的基本概念与方法

一、工程项目进度管理的基本概念

（一）项目进度管理概念界定

项目进度管理是项目管理过程中的重要组成部分，旨在确保项目按照预定的时间表和里程碑顺利进行，达到项目目标和交付要求。

1. 概念界定

项目进度管理是在项目实施过程中，针对项目的时间要求和工作内容，通过制定、监控和调整项目进度计划，以确保项目按时完成的管理过程。其核心任务包括制定项目进度计划、跟踪项目实际进度、识别和应对进度偏差、优化进度计划并最终实现项目按时交付。

2. 具体内容

（1）制定项目进度计划

制定项目进度计划是项目管理中至关重要的一步。首先，需要确定项目的启动时间，即项目正式启动的日期，这将成为整个项目进度计划的起点。然后，必须明确项目的工作内容，包括所有需要完成的任务和活动，以及它们之间的关联性。这一步需要综合考虑项目的需求，资源可用性和风险因素，确保项目进度计划的合理性和可行性。在制定详细的项目进度计划时，还需要确定关键里程碑，即项目中的重要节点或阶段，它们标志着项目进展的重要阶段，有助于监督和控制项目的整体进度。此外，还需要制定工作分解结构（WBS），将项目的工作内容层层细分，形成清晰的工作包和任务清单。项目网络图则是以图形化的方式展现项目任务之间的依赖关系和执行顺序，为进度计划的编制和执行提供了可视化的支持。最后，确定进度里程碑，即项目中的重要节点或阶段，它们标志着项目进展的重要阶段，有助于监督和控制项目的整体进度。通过以上步骤的综合考虑和规划，制定出的项目进度计划将为项目的顺利实施提供重要的指导和支持。

（2）跟踪项目实际进度

跟踪项目实际进度是项目管理中的一项重要任务。这一过程涉及定期收集项目执行数据，以记录实际进度和完成情况。通过与计划进度进行比较，可以确定项目的进度偏差，并分析其原因。及时反馈实际进度信息对于项目管理至关重要，因为它为项目团队提供了必要的数据和见解，使其能够做出有效的决策和调整。通过持续的实际进度跟踪，项目管理团队可以更好地了解项目的执行情况，及时发现偏差并采取必要的措施，以确保项目按计划顺利进行。这种及时的反馈和调整过程有助于最大限度地降低项目风险，并确保项目的成功完成。

（3）识别和应对进度偏差

识别和应对进度偏差是项目管理中的关键环节。首先，需要对进度偏差进行全面地分析，深入挖掘其根本原因。这些原因可能包括但不限于资源不足、技术问题以及外部环境的变化。资源不足可能是因为人力、物资或资金等方面的不足导致工作无法按计划进行；技术问题可能包括技术难题、设备故障或设计变更等，影响了项目的执行进度；而外部环境变化如政策法规调整、市场竞争变化等也可能对项目进度造成影响。针对不同的根本原因，需要制定相应的应对措施。这些措施可能涉及调整项目资源，如增加人力、调配物资等，以保证项目的顺利进行；重新安排任务优先级，对重要任务进行优先处理，提高项目执行效率；同时，也可能需要与相关方沟通协调，应对外部环境的变化，确保项目进度受到的影响最小化。通过及时有效地应对进度偏差，可以恢复项目进度计划的稳定性，确保项目按时完成目标。

（4）优化进度计划

优化进度计划是项目管理中的重要环节，需要根据实际情况对原有计划进行修订和优化。首先，可能需要调整工作顺序，重新安排任务的执行顺序，使之更加合理和高效。这样可以最大限度地利用项目资源，避免资源浪费和重复工作，提高项目执行效率。其次，优化资源分配也是关键步骤之一，可能需要根据项目需要重新分配资源，包括人力、物资、资金等，以确保项目的顺利进行。合理的资源分配可以有效地降低项目的风险，并提高项目的成功完成率。通过优化进度计划，项目团队可以更好地应对项目执行过程中的挑战和变化，保证项目按时完成，并最大限度地实现项目目标。这种持续的优化和调整过程有助于提高项目管理水平，提升项目的整体执行效率和绩效水平。

（5）实现项目按时交付

实现项目按时交付是项目管理中的终极目标之一，对于确保项目的成功和客户满意至关重要。为了实现这一目标，首先需要确保项目最终能够按照预定的时间表和交付要求完成。这意味着在整个项目执行过程中，项目团队需要不断地进行进度管理，并根据实际情况进行及时地调整和优化。通过持续的进度管理，可以及时发现并解决项目执行过程中出现的问题和风险，确保项目进度不偏离预期。此外，采取适当的优化措施也是非常关键的，通过对项目进度计划、资源分配和工作流程的优化，最大限度地降低项目交付风险。这包括优化工作顺序、调整资源分配、加强沟通协作等方面的措施，以确保项目能够顺利按时完成。通过持续的努力和优化措施，项目团队可以最大限度地降低项目交付风险，保证项目成功交付，并为客户提供满意的服务和成果。

3.重要性和价值

项目进度管理在项目管理中具有重要的价值和意义：

（1）保证项目按时交付

通过有效的进度管理，可以确保项目按时完成，避免因进度延误而导致的额外成本和资源浪费。

（2）提高项目执行效率

及时识别和应对进度偏差，可以帮助优化项目资源使用和工作流程，提高项目执行效率和质量。

（3）降低项目风险

通过持续的进度监控和调整，可以及时发现和应对项目执行过程中的风险和问题，降低项目风险。

（4）增强团队合作和沟通

项目进度管理需要团队成员之间的密切合作和有效沟通，有助于增强团队凝聚力和执行力。

（5）提升项目管理水平

有效的进度管理是项目管理成功的关键因素之一，可以提升项目管理水平和组织绩效。

（二）项目进度管理相关步骤

项目进度管理的标准化是项目进行优化控制的前提，标准化的实施离不开规范的操作步骤。按照施工的先后顺序，将进度管理标准化划分为4个阶段。

1. 项目计划阶段

在工程开始时，按照工程各个组成部分分别编制相应的施工方案，经过仔细分析总体的方案，确定工程各阶段完工所需时间长度，预测整个项目建设过程中所需时间及进度，确定建设项目资金预算、资源配备等情况，编制相关施工进度计划。

2. 项目实施阶段

规划完成后，即转入实施阶段，在这一阶段，管理者需要根据进度计划中计划好的时间节点来调配人力与物资，协调工程中各部门的关系，合理安排时间表，最大限度地保证工程能按进度要求实施。

3. 项目控制阶段

项目管理部门应当按照原有项目进度计划执行，对项目建设进展情况进行定期检查，随时注意工程中发生的各种偏差，在发生偏离时，应及时采取相应措施，找到发生分歧的结点，并对原有的建设计划进行调整与改变，以将整个项目的进度限制在规定的限度之内。

4. 工程竣工阶段

在工程如期竣工后，需要对施工场地进行竣工清理等善后工作，工程也需要按进度进行，确保按时保质保量交付业主，并且达到顾客的需求。通过上述四个阶段的研究与认识，项目进度管理的任务是为设计、施工、执行做准备的，其中主要的关键环节是计划、执行和控制。计划阶段确定工程是否能制定出清晰的施工计划，是否能有效率地实施，是否能提供监控，它是项目整体进度管理的依据。在项目进度管理中，实施阶段与控制阶段发挥着主要作用，这两个阶段都要做很多信息收集与资源调配的工作，以获取最新数据和信息，并对所发生的偏差加以控制和优化，确保工程按照进度计划按时完工或是提前竣工。

二、项目进度管理相关方法

（一）进度控制方法概述

在项目管理中，进度控制是确保项目按时完成的至关重要的环节之一。传统项目管理中采用了多种方法来进行进度控制，其中包括横道图对比法、S形曲线对比法、香蕉形曲线比较法和前锋线对比法等。这些方法都通过对项目进度的对比分析，帮助项目管理人员及时了解项目的实际进度情况，从而采取必要的控制措施。

横道图对比法是一种常用的进度控制方法，适用于对比工作量与劳动力消耗等物理工程量指标。通过比较实际完成的工作量与预定的工作量，确定项目进度的偏差情况，进而采取相应的控制措施。这种方法可以直观地展示项目的进度情况，便于管理人员进行监督和调整。

S 形曲线对比法主要用于对比实际曲线和计划曲线的差异。通过绘制实际进度曲线和计划进度曲线的对比图，可以清晰地显示项目进度的偏差情况。这种方法能够帮助管理人员及时发现项目进度的问题，并及时调整计划，以确保项目顺利进行。

香蕉形曲线比较法适用于对比 ES 曲线和 LS 曲线这两条起止点相同的曲线的差距。ES 曲线代表预期进度，LS 曲线代表实际进度，通过比较两者的差异，可以确定项目进度的偏差程度。这种方法有助于管理人员及时发现进度问题，并采取相应的措施加以解决。

前锋线对比法适用于对比计划进度和实际进度的前线位置和偏差程度。通过比较计划进度和实际进度的前限位置和偏差程度，可以及时发现项目进度的问题，从而采取相应的控制措施。这种方法有助于管理人员及时调整项目计划，确保项目按时完成。

（二）传统进度控制方法详解

1.横道图对比法

横道图对比法是一种常用的进度控制方法，适用于对比工作量与劳动力消耗等物理工程量指标。通过比较实际完成的工作量与预定的工作量，确定项目进度的偏差情况，进而采取相应的控制措施。这种方法可以直观地展示项目的进度情况，便于管理人员进行监督和调整。

2.S 形曲线对比法

S 形曲线对比法主要用于对比实际曲线和计划曲线的差异。通过绘制实际进度曲线和计划进度曲线的对比图，可以清晰地显示项目进度的偏差情况。这种方法能够帮助管理人员及时发现项目进度的问题，并及时调整计划，以确保项目顺利进行。

3. 香蕉型曲线比较法

香蕉形曲线比较法适用于对比 ES 曲线和 LS 曲线这两条起止点相同的曲线的差距。ES 曲线代表预期进度，LS 曲线代表实际进度，通过比较两者的差异，可以确定项目进度的偏差程度。这种方法有助于管理人员及时发现进度问题，并采取相应的措施加以解决。

第二节　进度成本的估算与控制技术

一、进度成本的定义与计算方法

（一）进度成本的定义

进度成本是指项目在不同阶段完成特定工作所需的成本支出。这些成本涵盖了项目实施过程中产生的各项费用，包括但不限于人力成本、材料成本、设备成本等。在项目管理中，对进度成本的管理至关重要，因为它直接关系到项目的总体成本和项目是否能够按计划完成。

项目进度成本的管理涉及对项目执行过程中各项费用的监控和控制。首先，项目管理团队需要根据项目计划和预算，确定在不同阶段所需的成本支出。这包括确定每个阶段需要的人力、材料和设备资源，并对其进行成本估算。然后，在项目执行过程中，需要对实际的成本支出进行跟踪和监控，以确保其与预期的成本预算相符合。如果实际支出超出了预算，就需要及时采取措施进行成本调整和控制，以避免项目总体成本的增加。

进度成本的管理还需要考虑到项目的时间因素。由于项目的进度和成本密切相关，因此在制定进度计划时，必须考虑到项目成本的限制和要求。在项目执行过程中，需要不断地监控项目的进度情况，并根据实际情况对成本支出进行调整，以确保项目能够按时完成，并在预算范围内控制成本。

另外，进度成本的管理还需要充分考虑到项目的风险因素。由于项目执行过程中可能会出现各种不可预见的风险和变化，因此项目管理团队需要及时应对这些风险，并调整成本支出，以保证项目顺利进行。

（二）进度成本的计算方法

1.成本曲线法

成本曲线法是一种重要的项目进度成本计算方法，其在项目管理领域得到广泛应用。通过成本曲线法，项目管理人员可以有效地监控项目的成本支出情况，及时发现和解决成本偏差，从而保证项目的顺利进行和成功完成。

首先，成本曲线法的核心思想是根据项目的进度计划和预算，制作成本曲线图来反映项目在不同阶段的成本支出情况。通常情况下，成本曲线图的横轴表示时间，纵轴表示成本金额。通过绘制实际成本和预算成本随时间的变化趋势，可以清晰地展示项目的成本执行情况。

其次，成本曲线法的制作过程包括以下几个关键步骤。首先，项目管理团队需要根据项目的进度计划和预算，确定各阶段或各阶段的成本预算。然后，将这些成本预算数据以时间为单位进行分配，得到不同时间点的预算成本数据。接下来，收集并记录项目实际的成本支出情况，包括人力成本、材料成本、设备成本等。最后，绘制成本曲线图，将实际成本和预算成本在同一图表上进行对比，以便及时发现成本偏差。

最后，成本曲线法的应用可以帮助项目管理人员做出及时的决策，采取相应的措施进行成本调整和控制。通过对比实际成本和预算成本，可以及时发现成本偏差，并找出造成偏差的原因。根据成本偏差的情况，项目管理人员可以采取针对性的措施，如调整资源分配、优化成本管理流程等，以保证项目的顺利进行和成功完成。

2. 里程碑法

里程碑法是项目管理领域中一种常用的进度成本计算方法，其在监控项目进度和成本执行情况方面发挥着重要作用。该方法将项目划分为若干个里程碑，每个里程碑代表着项目完成的重要阶段或任务。通过确定和追踪完成的里程碑任务，可以有效地衡量项目的进度和成本情况，从而实现项目的顺利进行和成功交付。

在里程碑法中，首先需要将项目分解为具体的阶段和任务，并为每个阶段或任务设立相应的里程碑。这些里程碑通常代表着项目的关键节点或重要事件，如项目启动、关键任务完成、重要阶段结束等。通过确定和设立这些里程碑，项目管理人员可以清晰地了解项目的整体进度和完成情况。

其次，里程碑法通过监控和追踪每个里程碑任务的完成情况来确定项目的成本支出。一旦某个里程碑任务完成，就可以根据其完成情况确定相应的成本支出。这样，可以通过里程碑任务的完成情况来衡量项目的进度和成本执行情况，及时发现和解决问题，确保项目按计划进行和成功完成。

里程碑法的优势在于其将项目分解为具体的阶段和任务，并通过确定和追踪里程碑任务的完成情况来监控项目的进度和成本情况。这种分解和监控方式使项目管理人员更容易识别和监控项目的关键节点和重要事件，及时发现和解决问题，从而保证项目的顺利进行和成功交付。

3. 净值分析法

净值分析法是一种基于增值管理技术的进度成本计算方法，在项目管理领域中具有重要的应用价值。该方法将项目的成本与项目的进度和质量综合考虑，通过净值法对已完成的工作进行成本评估，从而全面地评估项目的绩效和成本执行情况。

在净值分析法中，首先需要确定项目的工作包或任务，并为每个工作包或任务分配相应的成本和工作量。然后，根据项目的进度计划和成本预算，确定每个工作包或任务的净值，即计划完成的预期成本。净值的确定通常是根据工作量和成本之间的关系来计算的，可以根据不同的项目特点和要求采用不同的计算方法。

接着，通过对已完成工作的实际成本和净值进行比较，可以得出项目的挣值绩效指标，如成本绩效指数（CPI）和进度绩效指数（SPI）。CPI 表示实际成本与净值之间的比率，SPI 表示实际进度与净值之间的比率。通过这些指标，可以评估项目的成本执行情况和进度执行情况，及时发现和解决问题。

价值分析法的优势在于其综合考虑了项目的进度和成本情况，可以更全面地评估项目的绩效和成本执行情况。通过增值分析，项目管理人员可以及时了解项目的实际情况，制定有效的决策和调整措施，确保项目顺利进行和成功完成。

二、进度成本控制技术及其应用

（一）工程项目进度成本控制技术的概述

1.项目进度成本控制技术的定义

项目进度成本控制技术是工程项目管理中的重要组成部分，旨在通过一系列有效的计划、监控和调整手段，对项目的进度和成本进行全面管理和控制。这些技术和工具的综合应用，有助于项目管理人员在项目执行过程中实现进度和成本的有效控制，以确保项目能够按时完成，并在可控范围内实现预算目标。

首先，项目进度成本控制技术涉及制定全面详细的项目进度计划。这包括确定项目的启动时间、工作内容和关键里程碑，并结合项目需求、资源可用性和风险因素，制定详细的项目进度计划。这个计划不仅涉及项目的整体时间表，还需要考虑到各项工作任务的持续时间、优先级和依赖关系，以确保项目能够按时完成。

其次，项目进度成本控制技术需要定期跟踪和监控项目的实际进度和成本执行情况。通过收集项目执行数据，记录实际进度和成本情况，与计划进度和预算成本进行比较分析，及时发现和纠正偏差。这种监控手段包括使用各种工具和技术，如增值分析、进度曲线、成本曲线等，以便项目管理人员了解项目的实际情况，做出及时的决策和调整。

最后，项目进度成本控制技术还涉及对项目进度和成本执行情况进行评估和分析，并采取相应的措施进行调整和控制。这包括识别和应对进度偏差、成本偏差等问题，制定调整方案，优化项目进度计划和成本预算，以确保项目能够顺利进行并按时交付。

2. 项目进度成本控制技术的重要性

项目进度成本控制技术在工程项目管理中具有极其重要的作用。首先，进度成本控制技术可以帮助项目团队有效管理项目进度，确保项目按时完成。通过制定详细的进度计划，并采用各种监控工具和技术，项目管理人员能够及时发现进度偏差和延误，并采取必要的措施加以纠正，确保项目按时交付。这有助于提高项目的可控性和可预测性，减少项目因进度延误而带来的风险，提高项目的成功交付率。

其次，进度成本控制技术可以有效管理项目的成本，并确保项目在预算范围内完成。通过制定合理的成本预算和控制措施，项目管理人员能够监控项目的成本执行情况，及时发现成本超支和偏差，并采取相应的调整措施，以保持项目的成本控制在可接受的范围内。这有助于降低项目的财务风险，确保项目的经济效益和利润率，提高项目的投资回报率。

项目进度成本控制技术还能提升项目的管理效率和执行能力。通过建立有效的监控机制和沟通渠道，项目管理团队能够更好地协调各个执行阶段和工作流程，优化资源配置，提高工作效率，从而提升项目的整体执行能力和竞争力。这有助于项目团队更好地应对外部环境的变化和不确定性，提高项目的适应性和灵活性，增强项目的持续发展能力。

（二）项目进度成本控制技术的主要方法与应用

1. 关键路径法（Critical Path Method，简称 CPM）

关键路径法（Critical Path Method，简称 CPM）是一种常用的项目管理工具和技术，用于分析和优化项目进度。该方法通过确定项目的关键路径和关键活动，帮助项目管理人员识别并重点关注影响项目完成时间的关键因素，以便更好地控制和管理项目进度。

在关键路径法中，项目的关键路径是指项目中一系列相互关联的活动，其总持续时间决定了整个项目的完成时间。这些关键路径上的活动是不能延误的，否则将直接影响项目的最终交付时间。因此，对关键路径上的活动进行合理规划、分配资源和监控是至关重要的。

CPM 技术的主要步骤包括：

确定活动序列：首先，需要将项目中所有的活动按照其前后逻辑关系排列成网络图，明确各个活动的先后顺序和依赖关系。

估算活动持续时间：对每个活动的持续时间进行估算，通常使用专业知识和历史数据等方法进行评估。

确定关键路径：通过计算各个路径的总持续时间，确定项目的关键路径，即整个项目的最长路径，其中的活动决定了项目的最短完成时间。

识别关键活动：在关键路径上的活动被称为关键活动，它们的延误将直接影响整个项目的完成时间。

制定调整方案：一旦识别出关键路径和关键活动，项目管理人员需要制定调整方案，确保关键活动按计划进行，避免延误。

通过使用关键路径法，项目管理团队可以更加全面地了解项目的进度情况，及时识别出潜在的延误和风险，并采取相应的措施进行调整和应对。此外，CPM 技术还可以为项目团队提供可视化的项目进度图表，使团队成员更容易理解和沟通项目进度情况，促进团队协作和决策制定。

2. 挣值管理（Earned Value Management，简称 EVM）

挣值管理（Earned Value Management，简称 EVM）是一种综合性的项目管理方法，旨在对项目的进度和成本进行有效控制和管理。该方法通过将计划、实际和预算三个方面的数据进行比较和分析，提供了全面的项目绩效评估，帮助项目管理人员及时发现偏差和风险，并采取必要的纠正和调整措施，以确保项目保持在正常轨道上。

在增值管理中，主要涉及以下几个关键概念。

计划价值（Planned Value，PV）：也称为预算成本，指的是在特定时间点上根据项目计划所应该完成的工作的成本价值。

挣值（Earned Value，EV）：也称为实际成本，指的是在特定时间点上根据实际工作完成情况计算出的工作的成本价值。

实际成本（Actual Cost，AC）：指的是在特定时间点上实际花费的成本金额。

通过对这三个方面的数据进行比较和分析，可以得出一系列关键的项目绩效指标，包括：

成本绩效指标（Cost Performance Index，CPI）：表示实际成本与挣值之间的比率，用于衡量项目的成本绩效情况。CPI 大于 1 表示成本表现良好，小于 1

表示成本偏高。

进度绩效指标（Schedule Performance Index，SPI）：表示挣值与计划价值之间的比率，用于衡量项目的进度绩效情况。SPI 大于 1 表示进度表现良好，小于 1 表示进度偏慢。

成本偏差（Cost Variance，CV）：表示实际成本与计划成本之间的差额，用于量化项目的成本偏差情况。CV 大于 0 表示成本低于预算，小于 0 表示成本高于预算。

进度偏差（Schedule Variance，SV）：表示挣值与计划价值之间的差额，用于量化项目的进度偏差情况。SV 大于 0 表示进度超前，小于 0 表示进度滞后。

增值管理方法提供了一个全面、客观的项目绩效评估体系，帮助项目管理人员及时发现和解决项目中的问题，从而确保项目按时交付、在预算范围内完成，并提高项目的成功率和客户满意度。

3. 资源平衡调度与优化

在项目进行中，资源平衡调度与优化是确保项目进度成本控制的重要环节之一。资源在项目中扮演着至关重要的角色，它们包括人力资源、物资资源、设备资源等，是项目顺利执行的基础。合理优化资源的使用和分配，可以有效提高资源利用率，降低成本，缩短项目周期，保证项目按时交付。

首先，在项目初始化阶段，进行资源规划和分配是至关重要的。项目经理需要根据项目的需求和目标，制定合理的资源计划，明确每个阶段所需的资源类型、数量和时间，确保项目执行过程中能够有足够的资源支持。这一阶段需要充分考虑到资源的可获得性、成本、技能要求等因素，以确保资源的合理配置。

其次，在项目执行过程中，及时调整和优化资源的使用是必不可少的。随着项目的进行，可能会出现一些未预料到的情况，比如资源供给不足、人力调动、技术难题等，这些都可能影响项目的进度和成本。因此，项目管理团队需要密切监控项目的进展，及时发现资源利用方面的问题，并采取相应的措施进行调整。这可能涉及重新分配资源、调整工作优先级、加强培训等方面的工作，以确保项目能够按照计划顺利进行。

资源平衡调度与优化的核心目标是最大化地提高资源利用率。通过合理规划和及时调整，可以使项目的各项资源得到充分利用，避免资源的浪费和闲置，从而降低项目的成本，提高项目的效率和质量。同时，优化资源的使用还可以减少项目的风险，增强项目的灵活性和适应性，为项目的成功交付奠定坚实的基础。

第三节　进度管理在工程项目中的应用案例分析

一、案例背景分析

（一）案例背景

随着移动互联网的普及和大数据应用技术的兴起，我国国民经济在经历一段时间的快速发展之后，已从高速发展转向了高质量发展阶段。在人民不断增长的对美好生活的追求过程中，快递行业通过服务国家经济社会发展大局、方便老百姓日常生活，逐渐成为畅通经济循环必不可缺的重要行业。2021年，我国快递业务量突破千亿大关，达到1083亿件，快递业的蓬勃发展为国家经济注入了强劲动力。随着中国民用航空业的兴起和民航货邮运送量的持续提升，民航机场货邮吞吐量的不断增长使得地面处理保障与航空运输的衔接变得尤为重要。

为深度实施省委、省政府"三大发展战略"，推进SC经济多点多级支撑发展，适应CD市"一市两场"的机场新格局、发挥新优势，中国邮政CD航空邮件处理中心（以下简称"D航空邮件处理中心"）纳入了CD天府国际机场项目建设总体规划内容。该项目将建设于CD市简阳市天府国际机场国际货运区，占地面积180亩，总建设规模为45410㎡，定位为国内标准快递邮件处理中心。D航空邮件处理中心将集一般、快递包裹（进口）、特快专递、国际、仓配一体化与航空陆运进口等邮件处理功能于一体，配备全新自动化装备及智能化管控体系，预计每天的处理能力将达到150万至180万件。作为中国邮政在西部地区最大的国际快递物流枢纽，D航空邮件处理中心将发挥SC门户型综合交通枢纽优势，助力"C货天下行"，为SC地区乃至全国的国际贸易和快递物流业务提供重要支持。

（二）进度管理在D航空邮件处理中心项目中的应用

D航空邮件处理中心项目的顺利实施离不开有效的进度管理。在项目初始化阶段，项目团队制定了详细的项目进度计划，明确了各项任务的开始时间、持续时间、完成时间以及关键路径。通过对项目的关键路径进行分析，确定了项目的工期和各阶段的任务节点，为项目的顺利进行奠定了基础。在项目执行过程中，项目管理团队通过定期收集项目执行数据，记录实际进度和完成情况，与计划进度进行比较，及时发现和分析进度偏差，并采取相应的措施进行调整和控制。例如，在项目进行中，如果发现某些关键任务延迟，项目团队可以通过重新分配资源、调整工作优先级等方式，加快任务进度，确保项目整体进度不受影响。同时，项目管理团队还通过增值分析等方法对项目的成本执行情况进行评估，及时发现成本偏差，并采取措施加以调整，以确保项目的成本控制在合理范围内。

在 D 航空邮件处理中心项目中，项目团队还积极应用了关键路径法（CPM）和挣值管理（EVM）等项目管理工具和技术。通过 CPM 技术对项目的关键路径进行分析，确定了项目的时间节点和任务优先级，为项目的顺利进行提供了指导。同时，通过 EVM 技术对项目的进度和成本进行综合评估，及时发现和解决项目执行过程中的问题和风险，为项目的顺利实施提供了重要保障。

二、项目成本计划编制

项目成本计划是在项目进度计划的基础上，规划项目资源需求，确定对项目成本如何进行估算、预算和控制的过程。项目成本计划的编制通常要结合项目合同、有关定额标准和市场价格信息等资料进行编制，要充分考虑人工、材料、设备、服务、设施等项目中可能发生的费用。项目成本控制工作是在项目实施的过程中对项目成本费用情况进行定期或不定期监督检查，以确定项目成本是否偏离预算、是否存在超支情况等的项目管理行为，在发现问题后，通过一定的管理手段和措施对项目后续的成本进行调整，从而将项目实际发生的成本控制在项目成本计划范围之内。

（一）项目成本计划编制程序

在 D 航空邮件处理中心工程项目中，项目管理层制定了如下成本计划编制与控制的措施，以确保项目的顺利实施和成本控制：

1. 编制规划

首先，项目管理层需要编写成本管理计划，确保计划的完整性、准确性和可操作性。该计划应包含详细描述项目成本的安排、控制步骤和方法，明确有关定额标准、参考资料、时间跨度等用于测算成本的信息标准。同时，需要合理选择进行成本动态控制的方法，以确保项目成本的有效管理和控制。

2. 估算成本

为保证项目顺利施工，项目管理层需要进行成本的准确估算。这涉及各种资源的估算，包括人力、物料、设备、技术、财务费用、融资费用等。通过定额法、类似成本估算法等估算技术，将各种资源的单价与使用量相结合，计算出项目施工所需的完工估算成本。同时，项目团队需要对工程施行的细分结构、项目进度计划、资源消耗单位指标、风险因素等进行确定，并形成共识，以保证成本估算的准确性和可靠性。

3. 编制预算

项目预算是可用在工程施行的所有费用的总和，是项目成本管理的重要组成部分。项目管理层需要基于工程设计图纸对耗费资源量进行准确计算，采用相似工程经验数据联系当前资源单位价格等要素剂量响应耗费资源单价，并对工程施行的范畴选择及存在风险进行挑选与衡量，最终测算本工程预算。预算编制包括单价计价、合价计价、计日工活动与暂定开销等内容，以确保项目的经济合理性和财务可持续性。

4. 控制成本

控制成本阶段贯穿于项目动工后的整个施行过程。项目管理层通过动态监控项目状态，比较逐步完成的动态成本和基准预算阶段性，剖析出现偏差的原因，并采取针对性地纠偏措施。这包括对成本偏差进行分析、制定成本调整方案、优化资源使用、优化进度计划等，以确保项目成本控制在合理范围内，项目顺利实施。

（二）项目资源需求计划

在 D 航空邮件处理中心工程项目中，为确保施工作业顺利开展、保质按时完成，需要综合考虑各种影响因素，充分考量劳动量、人力、资源、时间、空间等要素，梳理人力、设备和材料等资源需求，并在此基础上估算项目成本，编制项目成本计划。

1. 主体工程施工拟投入的主要施工装备

根据合约要求的项目范畴、项目数量清单以及现场踏勘图纸的运算结果，确定了主体工程施工阶段需要投入的主要施工装备。这些设备包括：

建筑设备：如起重机、吊车、混凝土搅拌机等。

机械设备：如挖掘机、推土机、装载机等。

特殊设备：如高空作业平台、钢筋加工机等。

根据施工的具体要求和工程量的计算，确定了各类设备的规格、数量以及在施工过程中的使用部位，以确保施工作业的顺利进行。

2. 主体工程施工拟投入的劳动力安排计划

根据施工图纸和现场勘察情况，主体工程施工阶段需要的劳动力清单见表

7-1 D 航空邮件处理中心工程项目主体工程施工劳动力需求。

表 7-1　D 航空邮件处理中心工程项目主体工程施工劳动力需求

WBS 编码	管理人员	旋挖桩技工	土方机械司机	运渣车驾驶员	钢筋工	模板工	混凝土工	架工	砖工	抹灰工	防水工	涂料工	塔吊司机、起重工	升降机司机	电焊工	机修工	普工
1.2.1	6	12	6	18	40	80	30	20	40	20	12	0	15	0	4	2	30
1.2.2.1	6	0	0	0	60	120	30	40	40	20	6	0	15	10	10	2	30
1.2.2.2	6	0	0	0	12	10	10	20	20	60	30	40	0	10	4	2	30
1.2.2.3	6	0	0	0	5	5	2	5	5	12	6	12	0	0	1	1	20

（三）项目费用成本计划

在 D 航空邮件处理中心工程项目中，根据项目的实际情况，费用成本主要分为直接费用和间接费用两大类。直接费用包括人工费、材料费、机械使用费和措施费，而间接费用则包括企业管理费和规费。以下是对各项费用成本的详细规划和计划：

1. 人工费

人工费是指直接从事工程建造（建筑安装工程施工）的生产工人开支的各项费用。为确保施工过程中的人力资源充足，并保障工人的合理待遇，需要制定详细的人工费用计划，包括工人的工资、福利和保险等方面的支出。

2. 材料费

材料费是指项目作业中用到的原料、辅料、构配件、零件、半成品等构成项目实体的开销。针对不同的施工任务和工程需求，需要准确评估所需材料的种类和数量，并制定相应的采购计划和成本预算。

3. 机械使用费

机械使用费是指在建设过程中使用的各种器械装备所产生的费用，包括自有作业器械的各项开支等。根据项目的具体施工计划和机械设备的使用情况，需要合理安排机械的调度和维护，并制定机械使用费用的预算计划。

4. 措施费

措施费是为完成项目建设而发生的各项技术与组织措施费用。在项目施工前、中标后，可能会涉及一些技术措施和组织安排，需要制定相应的措施费用预算，以保障项目顺利进行。

5. 间接费

间接费是指组织和管理企业施工生产和经营管理所发生的费用，包括企业管理费和规费。这些费用主要用于项目管理、行政费用、监理费用等方面，需要合理安排和控制，以确保项目的整体运行顺利。

二、D 航空邮件处理中心项目工程项目净值计算

在对挣值法进行合理的运用以控制成本的过程中，应首先对在实际工程项目中运用该方法可否获取到良好的应用效果进行研究，所以本文以净值法为对象开展了分析：

（一）适用性分析

挣值法作为一种成本控制方法，在工程项目建设中具有广泛的应用。D 航空邮件处理中心工程作为一个综合性建设项目，具有完善的进度规划、稳定的目标计划和成本计划，因此非常适合运用挣值法进行成本控制。项目管理团队已经建立了施工信息搜集系统，有能力收集和分析项目的施工数据，为数值计算提供了必要的数据基础。

（二）比较基准完善性

在挣值法应用之前，D 航空邮件处理中心项目已经制定了进度计划、计划成本以及工作结构分解（WBS），为后续的净值计算提供了完善的比较基准。这些基准将被用作与实际项目进度和成本进行比较分析，以及评估项目执行的效率和成本绩效。

（三）管理人员专业性

项目管理团队的专业性对于挣执法的有效运用至关重要。在 D 航空邮件处理中心项目中，管理人员接受过相关的专业知识培训，并且具有丰富的施工实践经验。这些专业管理人员将能够正确地解读挣值计算结果，及时发现问题并采取相应的措施，确保项目的成本控制工作顺利进行。

（四）信息采集管理系统的完善性

D 航空邮件处理中心项目已建立了完善的信息采集管理系统，对项目的施工数据进行统一搜集、汇总和处理。这个系统确保了挣值法计算所需的数据的准确性和及时性，为净值计算提供了可靠的数据支持和保障。

三、项目成本控制措施

在制定项目费用成本计划的同时，本文按照开工前和施工中两个阶段，分别从人工成本、机械成本和材料成本 3 个方面编制了工程成本管控举措。

（一）动工前的成本管控举措

1. 人工成本管控

（1）提高项目部管理能力

加强项目管理团队的能力建设，培养团队成员的管理技能和沟通能力，确保项目管理高效有序。

（2）挑选高素质劳务队伍

通过招聘或内部选拔，选拔具有丰富经验和专业技能的劳务队伍，确保施工人员的素质和能力。

（3）设计合理的作业方案

优化施工流程，合理安排作业任务，减少工序冗余，提高施工效率，避免无效用工的发生。

（4）科学划定定额内外用工

根据项目的实际情况，明确定额内外的用工范围，合理控制劳务成本，确保人工费用的合理支出。

2. 机械成本控制

（1）制定科学的租赁价格

根据机械的类型、规格和市场行情，确定合理的租赁费用，通过招标等方式选择合适的机械租赁商，确保租金在可控范围内。

（2）优化作业方案

合理安排施工进度，最大限度地利用机械设备，减少机械的闲置时间，提高机械的利用率，降低租赁成本。

（3）加强机械保管与维护

建立健全的机械设备管理制度，加强对机械设备的保养和维护工作，及时发现并修复机械设备的故障，确保机械设备的正常运转，减少因损坏而产生的额外费用。

3. 材料成本控制

（1）制定精准的材料购置计划

根据项目实际需求量和施工进度，制定详细的材料购置计划，合理安排材料采购时间和数量，避免过量采购导致资金浪费。

（2）直接从厂家或代理商购买

选择信誉良好、质量可靠的厂家或代理商，直接采购材料，避免中间环节带来的额外成本，确保材料的质量和价格优势。

（3）加强材料保管与核对

建立严格的材料管理制度，对进场的材料进行仔细核对和验收，确保材料的品质和数量与采购要求一致，防止因材料质量问题导致的损失和额外费用发生。

（二）建设中成本控制

按成本目标，量化、细化至项目部的所有人，从制度上确立个人责任，确定其成本控制对象、范畴。

1. 人工成本控制

（1）规范建设队伍行为

明确建设队伍的职责和合同义务，确保队伍成员按照合同约定履行职责，严格控制队伍规模，优化人员结构，以提高施工效率和降低人工成本。

（2）科学组织人员进退场

根据项目实际需求和施工进度，科学制定进退场计划，合理安排人员进出场，避免因人员过多或不足而导致的效率低下和成本增加。

（3）提升效率，降低成本

优化施工流程，合理分工，提高施工效率，减少不必要的人力浪费，以降低人工成本为目标，尽量缩减成本开支。

2. 机械成本控制

（1）科学配置机械设备

根据施工需求和工期计划，合理配置机械设备，确保设备的充分利用，避免机械闲置和浪费，以降低机械成本。

（2）加强机械维护与操作培训

建立健全的机械设备维护制度，定期进行机械设备的保养和检修，提高设备的完好率和生产效率，减少因机械故障而导致的额外成本。

（3）规范外部租赁装备管理

与租赁公司签订合同，明确租赁价格和租赁期限，有效管理外部租赁设备的使用，提高设备的利用率，降低租赁成本。

3. 材料成本控制

（1）制定作业预算与材料分析

根据项目需求制定详细的作业预算和材料分析，明确材料的使用需求和定额需要量，以便有效控制材料成本。

（2）规范材料采购与发放

与供应商签订合同，明确材料的质量标准、供应时间和交付方式，规范材料的采购流程，降低采购成本。

（3）强化材料动态管理

建立材料台账，对材料进行动态管控，科学堆放材料，减少二次搬运次数，严格执行收发料制度，防止材料浪费和损失。

第八章 结论与展望

第一节 研究结果总结

一、工程项目投资决策与成本控制的关键问题

在研究工程项目投资决策与成本控制的过程中，我们深入探讨了其关键问题。投资决策是工程项目管理中的首要步骤之一，其在项目实施前的重要性不言而喻。我们强调了准确评估风险并选择适当的投资方案对项目成功至关重要。通过对投资决策概念的介绍，我们理解了投资决策所涉及的复杂性和不确定性。在此基础上，我们进一步讨论了风险分析评估的方法，以确保在决策过程中充分考虑潜在的风险因素。同时，我们强调了投资评价指标的重要性，这些指标提供了衡量投资方案潜在收益和风险的标准，帮助项目管理者做出明智的决策。

另一方面，我们深入研究了工程项目成本估算和成本控制的方法与技术。项目成本是项目管理中的重要考量因素，对项目的成功与否具有直接影响。因此，我们详细探讨了成本估算的各种方法和技术，包括定量和定性估算方法，以及基于历史数据和专家判断的成本估算手段。此外，我们着重讨论了成本控制的关键要素与策略，强调了对项目成本的实时监控和调整的重要性，以避免成本超支和项目延误。

在风险管理、质量管理和进度管理方面，我们也进行了深入探讨。风险管理在工程项目中至关重要，我们提供了相关的理论和方法，帮助项目管理者有效地识别、评估和应对各种风险。质量管理和进度管理同样不可忽视，它们直接影响着项目的最终交付质量和时间。因此，我们强调了建立健全的质量管理体系和进度管理机制的重要性，并提供了相应的指导和建议，以确保项目按时交付且符合质量标准。

二、研究成果的贡献

本书为工程项目管理领域的专业人士和学术研究者提供了一本全面的指南，涵盖了工程项目投资决策和成本控制的核心内容。通过对工程项目投资决策和成本控制的深入探讨，我们整理并系统化了相关理论和实践经验，为读者提供了全面而有条理的知识框架。这一贡献将有助于提高工程项目管理实践水平的专业性和学术研究的深度。

通过案例分析和实践指南，本书将理论知识与实践经验相结合，为读者提供了可操作的解决方案。我们以具体案例和实际操作指南的形式，展示了如何应用理论知识解决实际问题，使读者能够更好地理解和应用所学知识。这种融合了理论与实践的方法不仅提升了本书的可读性，也增强了其实用性，为工程项目管理者提供了切实可行的管理方法和策略。

此外，本书还对工程项目投资决策和成本控制的未来发展方向进行了探讨，提出了一些见解和建议。随着社会经济的发展和科技的进步，工程项目管理领域面临着新的挑战和机遇。我们提出的未来发展方向和建议，为工程项目管理的进一步发展提供了参考和指导。这些见解不仅有助于未来研究者深入探讨相关问题，也为工程项目管理实践提供了新的思路和方向。

第二节　工程项目投资决策与成本控制的挑战与未来发展方向

一、工程项目投资决策与成本控制的挑战

（一）技术变革与不确定性

1. 技术变革的挑战

随着科学技术的迅速发展，工程项目所涉及的技术也在不断更新和演进。新技术的出现可能会改变原有的工程实施方式，引入新的工艺、设备和材料，从而对项目的投资决策和成本控制提出了新的挑战。例如，引入了新型材料或施工技术可能会增加项目的初期投资成本，但却可能降低项目的运营和维护成本。因此，项目管理者需要密切关注技术的发展趋势，及时调整投资策略和成本控制措施，以应对技术变革带来的不确定性。

2. 不确定性因素的影响

除了技术变革外，工程项目还面临着诸多不确定性因素，如市场变化、政

策法规变动、自然灾害等。这些不确定性因素可能会对项目的投资决策和成本控制产生重大影响，增加了项目管理的风险和复杂性。例如，在不确定的市场环境下，项目的收益预测可能存在较大偏差，导致投资决策的不确定性增加；同时，自然灾害等外部因素可能导致项目成本的突然增加，需要灵活应对。

（二）全球化竞争

1. 竞争加剧的现状

随着经济全球化的深入推进，工程项目面临着来自全球范围内的激烈竞争。不同国家和地区的企业竞相涌入，争夺有利的投资机会，加剧了项目的市场竞争压力。工程项目管理者不仅需要面对来自本地企业的竞争，还需要应对来自国外企业的竞争，这增加了项目投资决策的复杂性和风险。

2. 国际化投资决策的挑战

全球化竞争带来了国际化投资决策的挑战。工程项目管理者需要在全球范围内寻找合适的投资机会，选择合适的投资地点和合作伙伴，同时要考虑国际市场的规模、发展前景和风险因素。国际化投资决策不仅需要考虑本国的经济政策和法律法规，还需要考虑目标国家的政治、经济和文化环境，增加了决策的不确定性和复杂性。

（三）环境与可持续发展

1. 环境问题的日益突出

随着人类活动的不断发展，环境污染、资源浪费等问题日益突出，环境保护已成为全球性的热点议题。工程项目作为重要的社会经济活动，其建设和运营过程可能会对环境产生不良影响，如水土流失、大气污染等，给环境可持续发展带来挑战。

2. 可持续发展要求的提高

随着人们对环境保护意识的提高以及全球可持续发展目标的制定，工程项目在投资决策和成本控制中需更多考虑环境因素，确保项目的可持续性。这意味着项目管理者需要在项目规划和执行过程中采取一系列环境保护措施，以减少对自然环境的破坏，降低资源消耗，实现经济、社会和环境的可持续发展。

二、工程项目投资决策与成本控制的未来发展方向

（一）数据驱动的决策

1. 大数据应用的趋势

未来工程项目管理将更加注重数据驱动的决策。随着信息技术的迅速发展，

大数据和人工智能等技术在工程项目管理中的应用将变得越来越普遍。大数据技术可以帮助项目管理者从海量数据中提取有用信息，进行数据分析和挖掘，为投资决策和成本控制提供科学依据。通过对历史数据和实时数据的分析，可以发现项目管理中的潜在问题和优化空间，从而优化决策过程，降低成本，提高效率。

2. 智能决策支持系统的发展

未来工程项目管理将更加依赖智能决策支持系统。基于大数据和人工智能技术，智能决策支持系统可以实现对项目投资决策和成本控制的智能化分析和预测，为项目管理者提供个性化、精准的决策支持。这些系统可以不断学习和优化，逐渐形成更加完善和高效的决策模型，帮助项目管理者在复杂多变的环境中做出更加准确和及时的决策。

（二）可持续发展

1. 可持续发展理念的普及

未来工程项目管理将更加注重可持续发展。随着全球资源的有限性和环境污染的日益加剧，可持续发展理念已成为全球关注的焦点。工程项目管理需要更多地考虑环境、社会和经济的可持续性，实现经济效益与社会效益的双赢。未来，可持续发展理念将逐渐深入人心，成为工程项目管理的核心价值观和行为准则。

2. 环境友好型工程项目的发展

随着环境保护意识的增强，未来工程项目将更加注重环境友好型设计和建设。工程项目管理者需要在项目规划和设计阶段就充分考虑环境因素，采用节能环保的技术和材料，降低对环境的影响。在建设和运营阶段，要加强环境管理，严格遵守环境保护法律法规，减少污染排放，保护生态环境，实现可持续发展目标。

3. 社会责任的履行

除了环境保护，工程项目管理还需要承担社会责任，关注员工福利、社区发展、公共安全等方面的问题。未来，工程项目管理者将更加注重社会责任的履行，积极参与社会公益活动，为社会和谐稳定做出贡献，增强企业的社会形象和声誉。

（三）跨界合作

1. 行业间的协作与合作

未来工程项目管理将更加注重跨界合作。随着社会经济的发展和科技进步，各行业之间的边界越来越模糊，工程项目管理需要与其他行业进行广泛合作，共同解决项目面临的各种挑战。例如，工程项目可能需要与信息技术、金融、能源等行业合作，共同开发智能城市、清洁能源项目等。

2.国际合作的深化与拓展

此外，未来工程项目管理还将更加注重国际合作。随着全球化进程的加速，工程项目管理已经成为国际化的产业，各国之间需要加强合作，共同应对全球性挑战，推动全球可持续发展。工程项目管理者需要与跨国企业、国际组织、政府部门等多方展开合作，共同推动可持续发展目标的实现。在国际合作中，可以分享资源、技术和经验，共同研究解决方案，促进项目管理的创新与发展。

3.产学研合作的加强

未来工程项目管理还将更加注重产学研合作。产学研合作是工程项目管理与科研院所、高等院校之间的紧密合作关系，有助于促进科技成果的转化和应用，推动工程项目管理的创新与发展。工程项目管理者需要积极开展与科研院所的合作，共同开展科研项目，解决项目管理中的关键技术和难题，提升项目管理的水平和竞争力。

第三节　提出工程项目投资决策与成本控制的建议与对策

一、工程项目投资决策与成本控制的建议

（一）建立完善的项目管理体系

1.制定规范的投资决策流程

建议组织建立规范的投资决策流程，明确投资决策的各个环节和责任人，确保投资决策的科学性和透明度。这包括确定投资决策的评估指标、制定投资方案、进行风险评估等步骤，以确保项目的长期盈利能力和风险可控性。

2.建立完善的成本控制制度

建议建立完善的成本控制制度，包括成本估算、成本核算、成本监控等方面的制度和流程。通过建立科学的成本控制指标和监测机制，及时发现和解决成本偏差，确保项目在预算范围内按时交付高质量成果。

3.强化风险管理机制

建议加强风险管理机制，建立健全的风险识别、评估、应对和监控机制。项目管理者应对项目可能面临的各种风险进行全面分析和评估，制定相应的风

险应对策略，降低风险对项目的影响，确保项目的顺利实施和成功交付。

（二）加强技术创新和人才培养

1. 鼓励技术创新和知识产权保护

建议鼓励项目管理团队进行技术创新和知识产权保护，提高项目的竞争力和可持续发展能力。项目管理者应鼓励团队成员不断探索新的技术和方法，推动项目管理的创新与发展，并加强对知识产权的保护，确保项目管理的长期稳定性和竞争优势。

2. 加强人才培养和团队建设

建议加强项目管理人才的培养和团队建设，提高项目管理团队的专业水平和团队协作能力。项目管理者应重视人才培养，为团队成员提供专业的培训和学习机会，不断提升其技术和管理能力，激发团队的创造力和凝聚力，以应对项目管理的各种挑战。

3. 建立学习型组织机制

建议建立学习型组织机制，鼓励项目管理团队进行知识共享和经验交流，不断积累和总结项目管理的成功经验和教训。通过建立开放、包容的学习氛围，促进团队成员之间的互相学习和成长，提升整个项目管理团队的综合素质和竞争力。

（三）注重合作与共赢

1. 加强与相关行业、企业和政府部门的合作

建议加强与相关行业、企业和政府部门的合作，共同探讨解决项目管理中的关键问题和挑战。项目管理者应积极参与行业协会、商会等组织，拓展合作渠道，寻找合作伙伴，共同推动项目管理的创新与发展。

2. 建立多方利益相关者协调机制

建议建立多方利益相关者协调机制，加强与项目利益相关者的沟通和协调，共同制定项目管理的发展战略和规划。项目管理者应重视与政府部门、业主、投资者、承包商、供应商等利益相关者的合作，形成合力，共同推动项目管理的可持续发展。

3. 实现合作共赢

最后，建议通过合作实现共赢。项目管理者应树立合作共赢的理念，积极寻求与合作伙伴之间的利益契合点，通过资源共享、风险共担、利益共享等方式，实现合作项目的互利共赢，共同推动工程项目投资决策与成本控制的持续发展。

二、工程项目投资决策与成本控制的对策

（一）规范投资决策流程

1.建立投资决策标准

对于工程项目投资决策，应该建立明确的标准和指标，以便评估和比较不同投资方案的可行性。这些标准可以包括财务指标（如投资回报率、净现值、内部收益率等）、风险评估指标（如项目风险、市场风险、政策风险等）以及战略考量（如与公司战略的契合度、市场前景等）等方面。

2.明确决策流程和责任人

建议制定清晰的投资决策流程，包括决策的各个阶段和相关责任人。确保决策过程的透明和合规性，避免出现决策失误或偏差。同时，要明确每个阶段的决策标准和决策者的职责，保证决策的科学性和权威性。

3.加强信息披露和沟通

在投资决策过程中，应该加强信息披露和沟通，确保相关利益相关者充分了解项目的情况和决策依据。这包括向投资者、管理层、监管机构等各方公开项目的关键信息和决策过程，提高决策的透明度和公正性。

（二）优化成本控制手段

1.采用先进的成本管理工具

建议采用先进的成本管理工具和技术，如成本估算软件、成本控制系统等，提高成本管理的精确度和效率。这些工具可以帮助项目管理者更准确地估算项目成本、监控成本变化，并及时采取措施加以控制。

2.建立动态成本预测模型

针对工程项目的不确定性和变化性，建议建立动态成本预测模型，结合实际情况对项目成本进行实时跟踪和预测。通过不断更新和调整预测模型，及时发现成本偏差，并制定相应的应对措施，以确保项目在预算范围内顺利完成。

3.加强成本控制与风险管理的结合

成本控制与风险管理密切相关，建议将成本控制与风险管理相结合，将风险成本纳入成本控制的范畴。通过对项目风险的全面评估和有效管理，可以最大限度地降低风险对项目成本的影响，确保项目的可持续发展。

（三）加强风险管理与应对

1.建立健全的风险管理制度

建议建立健全的风险管理制度，包括风险识别、评估、应对和监控等方面

的制度和流程。确保项目管理团队能够全面了解项目可能面临的各种风险，并及时采取相应的应对措施，降低风险对项目的不利影响。

2. 加强风险意识和培训

建议加强项目管理团队的风险意识和培训，提高团队成员对项目风险的认识和应对能力。通过定期组织风险管理培训和案例分析，加强团队成员对风险管理的理解和应用，提升项目管理的风险管理水平。

3. 建立应急预案和应对机制

在风险管理过程中，建议建立应急预案和应对机制，及时应对突发事件和风险事件，最大限度地减少其对项目的影响。应急预案应考虑各种可能的风险场景和应对措施，以保障项目的顺利进行和成功交付。

（四）持续改进质量管理体系

1. 建立质量管理标准和流程

建议建立质量管理标准和流程，明确项目质量的要求和控制方法。这包括制定质量管理计划、建立质量检查和验收机制、实施质量管理评估等，以确保项目交付的质量符合客户要求和标准要求。

2. 加强质量监控和持续改进

在项目实施过程中，建议加强质量监控和持续改进，确保质量管理体系的有效运行。项目管理团队应建立定期的质量检查和评估机制，及时发现和解决质量问题，保障项目交付的质量。同时，要积极收集和分析质量管理的数据和反馈信息，找出存在的问题和改进的空间，持续改进质量管理体系，提高项目质量和客户满意度。

3. 加强供应商管理和质量控制

在项目实施过程中，供应商质量管理也至关重要。建议加强对供应商的选择和管理，确保供应商具有良好的质量管理体系和技术实力。与供应商建立长期稳定的合作关系，加强对供应商的监督和质量控制，保障项目所采购的材料和服务符合质量要求，有助于降低项目风险和成本。

（五）优化进度管理流程

1. 制定详细的进度计划和里程碑

建议在项目启动阶段制定详细的进度计划和里程碑，明确项目的各个阶段和关键节点。项目管理团队应该合理分配资源，制定合理的工作计划，确保项目能够按时完成各项任务和交付里程碑成果。

2. 采用项目管理软件和技术

为了更好地实现进度管理，建议采用先进的项目管理软件和技术，如甘特图、PERT/CPM 网络分析法等。这些工具可以帮助项目管理团队有效地进行进度跟踪和控制，识别项目进度偏差，及时调整工作计划，确保项目按时完成。

3. 加强团队协作和沟通

进度管理涉及多个团队成员的协作和沟通，建议加强团队之间的协作和沟通，确保各个团队成员都清楚自己的任务和责任，并能够有效地配合完成工作。建立定期的进度汇报机制和沟通渠道，及时沟通项目进展和问题，以便及时解决和调整。

参考文献

[1] 周彦锋 . 公路工程造价在 PPP 模式下的管理研究 [J]. 低碳世界，2021（2）：215-216.

[2] 黄泓杰 . 浅谈工程造价项目全过程管理控制 [J]. 福建建材，2021（2）：102-103，113.

[3] 岳耀尊 .BIM 技术在建筑工程造价管理中的应用探讨 [J]. 居舍，2021（4）：124-125.

[4] 樊升原 . 建筑工程造价管理优化策略 [J]. 居舍，2021（4）：126-127.

[5] 张军 . 改扩建高速公路工程造价控制及管理要点 [J]. 居舍，2021（4）：163-164，170

[6] 李敏，姚泽坤，刘入境，等 . 基于关键链技术的多项目管理研究综述 [J]. 科技管理研究，2019，39（01）：205-210.

[7] 罗校清 . 关键链技术在现代建筑工程项目进度管理中的应用研究 [J]. 信息通信，2019（11）：270-271+273.

[8] 陆雅芬，孟戈 . 基于关键链的超高层项目进度管理研究 [J]. 价值工程，2022，41（36）：1-4.

[9] 曾小琳 . 关键链技术在非标自动化设备研发项目的价值探讨 [J]. 新型工业化，2022，12（06）：233-237.

[10] 马迪，关晓迪，王文进，等 . 基于关键链技术的进度管理方法研究 [J]. 人民珠江，2022，43（05）：75-82+90.

[11] 刘晓娟 . 关键链技术在工程项目进度优化中的应用 [J]. 科技与创新，2023（05）：170-172+175.

[12] 王寅海 .BIM 技术在房地产项目进度管理应用的探索与优化 [J]. 住宅与房地产，2020，No.564（5）：102-106.

[13] 李晓光 .BIM 技术在工程项目进度管理中的应用 [J]. 中国水电三局施工技术，2021（1）：2-5.

[14] 倪可可，王麒等 基于 BIM 技术的工程项目施工进度管理探究 [J]. 黄冈

师范学院学报，2019，38（6）：36-39.

[15] 荀杨 .BIM 技术在工程项目进度管理中的应用研究 [D]. 长春工程学院，2020（8）：70-75.

[16] 刘敏乐 .BIM 技术在施工项目进度管理中应用研究 [J]. 建筑工程技术与设计，2020（7）：40-46.

[17] 杨洋，罗天翼，韦永雨 .BIM 技术在某综合项目中的应用实践 [J]. 智能建筑，2021（9）：83-85.

[18] 李渭红 . 地铁工程成本控制中精细化管理的应用 [J]. 工程技术研究，2019，4（09）：169-170.

[19] 李荷群 . 地铁运营企业成本控制研究 [J]. 纳税，2018，12（36）：221-222.

[20] 胡悦，张程程 . 地铁工程成本控制中精细化管理的应用 [J]. 价值工程，2018，37（25）：76-77.

附　录

附录一　项目成本相关因素问卷调查

尊敬的受访者：

感谢您参与本次问卷调查。本问卷旨在了解您对项目成本相关因素的看法和评估。您的回答对我们的研究具有重要意义，请您认真填写，所有信息将严格保密。

1. 您认为项目规模对成本影响的程度如何？

（1）很小影响□

（2）较小影响□

（3）中等影响□

（4）较大影响□

（5）很大影响□

2. 您对项目技术复杂度对成本的影响持何种看法？

（1）技术复杂度与成本正相关□

（2）技术复杂度与成本无关□

（3）技术复杂度与成本负相关□

3. 您认为人力资源需求对项目成本的影响程度如何？

（1）很小影响□

（2）较小影响□

（3）中等影响□

（4）较大影响□

（5）很大影响□

4. 您是否认为其他因素（请列举）也对项目成本有重要影响？

感谢您的参与！

附录二　成本评估问卷调查

尊敬的受访者：

感谢您参与本次成本评估问卷调查。我们正在进行关于项目成本的研究，您的回答对我们的研究将会非常有帮助。请您根据您的经验和看法认真填写以下问题，您的信息将会被严格保密。

1.您认为哪些因素对项目成本的影响最为重要？请按重要性排序。

（1）项目规模□

（2）技术复杂度□

（3）人力资源需求□

（4）材料和设备成本□

（5）其他（请列举）

_____

2.您如何评估项目规模对成本的影响？

（1）很小影响□

（2）较小影响□

（3）中等影响□

（4）较大影响□

（5）很大影响□

3.您对技术复杂度对成本的影响持何种看法？

（1）正相关□

（2）无关□

（3）负相关□

4.您认为人力资源需求对项目成本的影响程度如何？

（1）很小影响□

（2）较小影响□

（3）中等影响□

（4）较大影响☐

（5）很大影响☐

5.您是否认为其他因素（请列举）也对项目成本有重要影响？

_____

您是否有任何其他关于项目成本的意见或建议？

_____

感谢您的参与！